零基础用
DeepSeek

轻松解码 **AI** 投资

玩转炒股

林开平 ◆ 著

中国水利水电出版社
www.waterpub.com.cn
·北京·

内 容 提 要

本书是将 DeepSeek 与股票投资深度融合，专为普通投资者打造的"防坑工具箱"。作者基于近 20 年的金融观察经验及 DeepSeek 技术实践，将复杂的金融逻辑转化为"说人话、点屏幕、看信号"的"傻瓜式"操作。让"小白"也能秒懂操作时机，用 DeepSeek 驻守安全防线。书中所有策略均通过实盘测试，特别设计的"保守党 - 上班族 - 老股民"三段式实战方案，让不同风险偏好者都能找到专属 DeepSeek 赚钱路径。真正实现让人人都"看得懂、学得会、用得上"的智能投资理财新生态。

图书在版编目（CIP）数据

零基础用 DeepSeek 玩转炒股 ：轻松解码 AI 投资 / 林开平著 . -- 北京 ：中国水利水电出版社，2025. 6.
ISBN 978-7-5226-3493-7

Ⅰ . F830. 91-39

中国国家版本馆 CIP 数据核字第 2025HV6113 号

责任编辑：王开云　　　　　封面设计：苏　敏

书　　名	零基础用DeepSeek玩转炒股——轻松解码AI投资 LINGJICHU YONG DeepSeek WANZHUAN CHAOGU—QINGSONG JIEMA AI TOUZI
作　　者	林开平　著
出版发行	中国水利水电出版社 （北京市海淀区玉渊潭南路 1 号 D 座　100038） 网址：www.waterpub.com.cn E-mail: mchannel@263.net（答疑） 　　　　 sales@mwr.gov.cn 电话：（010）68545888（营销中心）、82562819（组稿）
经　　售	北京科水图书销售有限公司 电话：（010）68545874、63202643 全国各地新华书店和相关出版物销售网点
排　　版	北京万水电子信息有限公司
印　　刷	三河市德贤弘印务有限公司
规　　格	160mm×210mm　16 开本　12.75 印张　200 千字
版　　次	2025 年 6 月第 1 版　2025 年 6 月第 1 次印刷
印　　数	0001—5000 册
定　　价	62.80 元

凡购买我社图书，如有缺页、倒页、脱页的，本社营销中心负责调换

前　　言

DeepSeek 不是炒股机器人，而是你的智能投资副驾（手环）

亲爱的读者朋友，当你翻开这本书时，可能正在经历这样的困惑：

打开炒股软件，满屏跳动的红绿数字犹如数字时代的霓虹瀑布；

看着财经新闻，专家们时而高喊"牛市起点"，转而又警告"史诗级泡沫"；

好不容易选中一只股票，刚买入就遭遇"业绩变脸"，想止损又怕"倒在黎明前"；

……

场景是否似曾相识？

过去二十年间，我接触过近千名投资者。他们中有退休教师拿着养老金想赚点买菜钱，有程序员用写代码的严谨研究 K 线图，也有企业主带着商战经验杀入股市——但最终 90% 的人都陷入相似的困境：明明学了很多技巧，却总在情绪驱使下做出反智操作；明明知道要理性，却忍不住追涨杀跌；明明想长期投资，却总被短期波动吓破胆。

这，到底是为什么？

我想起前些日子带儿子去体育馆学游泳的经历。其实下水前，我已经给初学游泳的儿子备足了功课——我给他看了无数游泳教学视频，而一向学习能力很强的儿子也觉得已经掌握了所有理论技巧。我们父子俩都信心满满。可当他真跳进泳池，却发现他只会狗刨式扑腾。我站在泳池边，看得比他游得还着急。直到我们的教练走过来——他既没有教换气技巧也没有讲流体力学，只是淡淡说了句："你让孩子戴上这个试试。"说着，他取下了自己戴着的一个手环。我问："这是什么？"救生员教练没回答我，而是对我儿子说："你只管游，水位监测手环会实时提示危险。"

结果如你所料，我儿子现在已经学会游泳了，而我也在考虑，我是不是也应该学学游泳。

我想告诉你的是，DeepSeek 于炒股，恰似那个智能手环于游泳者。

它不是某些人想象中的"自动印钞机"，更不会代替你决策。这个诞生于 7000 亿条金融数据训练、历经三次牛熊周期迭代的 AI 助手，本质上是个"人机协同决策系统"——就像特斯拉的 Autopilot，既能在你分心时紧急制动，又需要你始终握住方向盘。

为什么传统炒股总让人"交学费"？

先讲个真实案例：2024 年某支个股暴涨期间，我的研究员团队做过实验：让三位投资老手（都有 20 年经验）与 DeepSeek 同时分析财报。人类组耗时 3 天写出 30 页报告，结论是"前景光明"；而 DeepSeek 用 17 秒扫描完所有公开文件，在附注第 38 页发现关键信息——该企业通过关联交易虚增了 23% 的营收。

然而，这不是特例。纵观现代资本市场，其实早已是"超级信息战"的战场：

- 上市公司年报动辄 300 页起步，重要线索可能藏在第 278 页的脚注里
- 主力资金利用算法在 0.03 秒内完成买卖，散户还在手动刷新行情
- 网络大 V 接一条软广的收入，可能超过你全年的投资收益

当人类还在用肉眼识别"阳包阴" K 线形态时，机构已用 NLP（自然语言处理）监控全网舆情；当普通投资者纠结市盈率高低时，量化基金正用卫星图像计算钢厂真实库存。这场游戏，从来就不在公平的起跑线上。

DeepSeek 给你的不止是工具，还是"认知导航仪"

曾有读者问我："用 AI 炒股和跟投大 V 有什么区别？"这个问题问到了根子上。

想象一下你要去亚马孙雨林探险：

- 跟大 V 好比雇向导——他可能真懂野外生存，也可能只是个穿迷彩服的演员
- 用传统炒股软件像带瑞士军刀——功能虽多，遇到美洲豹时根本想不起用哪个

DeepSeek 呢？则是给你装配了智能生存套装：湿度超标自动启动除菌模式，发现毒虫立即震动预警，还能根据你的体能实时调整路线。

具体来说，这套"认知导航仪"通过三重技术革命重塑投资。

第一重：透视财报的"X 光眼"

某次直播中，我让 DeepSeek 现场分析某"白马股"财报。当它用粉色高亮标出"应收账款周转天数从 87 天暴增至 214 天"时，弹幕瞬间炸锅——这个藏在表格角落的数据，暗示着企业正在向下游疯狂铺货充业绩。三个月后，该股因业绩暴雷跌去 40%。

这不是魔法，而是机器学习的胜利。经过对 A 股 30 年所有 ST 股的训练，DeepSeek 建立了 128 维度的财务异常检测模型。这是什么概念呢？打个简单的比喻——这就像老刑警能嗅出犯罪嫌疑人衣袖上的火药味，它能从"预付款项 / 营业收入比"的微妙变化中，嗅出财务洗澡的蛛丝马迹。

第二重：逆本能的"镇静剂"

年初，有位读者在微信上急吼吼问我："这板块整体暴涨，要不要 All in（梭哈）？"我当时正在开会没及时给他回复，于是他问 DeepSeek 并迅速得到回复："当前板块情绪指数 97.2（过热），近十年类似情形下，1 个月内回撤超 20% 的概率为 68%……"

结果如何？该板块随后一个月确实又涨了 15%，但在第二个月暴跌33%——我想说的是，DeepSeek 不是预言家，但它记得住人类总是遗忘的历史。通过分析 1929 年以来全球 358 次投机泡沫，它能算出当前市场处于"贪婪—恐慌"坐标轴的哪个刻度，在你准备孤注一掷时，它会非常警惕地亮起红灯。

第三重：全天候的"瞭望塔"

一位私募基金经理和我分享过他的痛苦：每天要看 300 份研报、跟踪50 个宏观指标、监控 8 个海外市场——即便如此，还是错过了 2021 年的海运大行情。而 DeepSeek 的机构版，通过后期的运营来看，能同时追踪原油期货持仓量、波罗的海干散货指数，甚至上海港集装箱卡车流量，可以想象得到，在集运价格启动前，它应该就能发出提示。

对普通投资者来说，这种能力意味着：当你在接送孩子、加班开会时，有双"电子眼"在持续扫描：

- 北向资金突然加仓某冷门板块
- 美联储议息会议出现非常规措辞
- 某行业龙头在淘宝的周销量环比暴跌

......

这些碎片信息会被实时编织成"风险—机会"图谱，最终化作手机上的简明提醒："注意！光伏板块出现主力边拉边撤迹象"。

为什么说"这次不一样"？

我知道你此刻的疑虑：市面上炒股软件多如牛毛，AI 智能工具也是层出不穷，凭什么 DeepSeek 能突围？

我觉得，三个颠覆性差异决定了它的不可替代性：

1. 不是给你鱼竿，而是教你造船

很多智能投顾只给买卖信号，你永远不知道逻辑是什么。而 DeepSeek 首创"决策白盒化"模式——任何建议都能查看推导路径：

"我认为消费股有机会"→"依据：社零数据触底 + 机构持仓创 5 年新低"；

"建议减持某新能源车"→"原因：锂价下行利好被透支 + 比亚迪新车型挤压"；

......

这就好比数学老师不仅告诉你答案，还把解题步骤写得清清楚楚。让你深刻地知道题目的运行原理，从而也利于你自身的学习。

2. 比你更懂你的"投资镜子"

- 无论你是看到账户波动就失眠的"保守党"
- 还是愿意用 5% 仓位搏热点的"冒险家"
- 或是明明想长线持有却总手痒的"伪价投"

基于这些认知，DeepSeek 会给上班族设计"定投 + 打新"组合，给全职妈妈配置"高股息 + 可转债"方案——记住，没有最好的策略，只有最合适的策略。

3. 会认错的"AI 学生"

前段时间，DeepSeek 曾误判某医药股的集采风险。但在用户回复错误后，系统自动启动了"案例回炉"程序：重新标注 3.7 万条医疗政策数据、调整药品中标概率预测模型。两个月后，同类型误判率下降 82%。毫无疑问，这标志着它不再是冰冷的代码，而是会进化的智慧体。

写在出发之前

在后续章节中，你将见证：

- 如何用日常对话的方式让 DeepSeek 筛选"业绩好 + 估值低 + 没暴雷"的股票
- 为什么"分辨强势股和弱势股"能让小白找到最好的买卖时机
- 炒股高手如何"识别真假成交量"而不落入股票陷阱

……

但在此之前，请先建立两个认知：

（1）DeepSeek 不能让你一夜暴富——它擅长的是把"七亏二平一赚"变成"三亏五平二赚"。

（2）别把它当上帝——书中第 7 章会教你如何防止 AI 幻觉，不能自己当个甩手掌柜让它替你做决定。

还记得开头提到的游泳教练吗？现在，智能手环已准备好，宽大舒适的泳池就在眼前。接下来的每一章，都是教你如何从"扑腾求生"进阶到"优雅蝶泳"的分解动作。

这里，我还想套用查理·芒格的一句话送给你："不需要每次都挥出全垒打，避免重大失误就能跑赢大多数人。"而 DeepSeek 要做的，就是帮你死死守住这条底线——毕竟在投资这场无限游戏中，活得久才是真赢家。

好了，现在请深吸一口气，我们，准备下水了。别因为经历过漫长的冬天，就始终担心水还会冰凉。要相信，冬天都过这么久了，春天还会远吗？

林开平
于北京金融大街
2025 年 1 月

目　　录

第 1 章 新手入门：用 DeepSeek 认识炒股

▶ 1.1 DeepSeek 为你准备开户资料

毫无疑问，炒股的第一步是开立证券账户。不过，对于新手来说，开户需要准备什么资料、选择哪家券商、如何操作等问题可能让人一头雾水。不过不用担心，我们可以借助 DeepSeek 来帮忙。虽然 DeepSeek 不能直接帮你开户，但它能像一位耐心的老师一样，手把手教你，让你顺利完成前期的所有准备工作。

🖲 第一步：用 DeepSeek 了解开户基本流程

操作方式：直接在对话框中输入问题，DeepSeek 会用文字回答你。

➲ 问清楚开户步骤

你可以这样提问： "证券开户需要哪些步骤？"

DeepSeek 回复： "通常包括：①选择证券公司；②准备身份证、银行卡、手机号；③下载券商 App 并注册；④填写资料并视频认证；⑤完成风险测评；⑥等待审核。"

➲ 追问细节

如果对某一步有疑问，可以继续提问： "视频认证要注意什么？"

DeepSeek 会告诉你： "需在光线充足的环境下进行，正对摄像头，口齿清晰地念出屏幕上的数字。避免戴帽子或遮挡面部。"

➲ 更多问题示例

问题： "风险测评是什么？必须做吗？"

回答： "风险测评是监管部门要求的流程，用于评估您的风险承受能力。未完成测评可能无法开通交易权限。"

➲ 时间规划建议

输入问题："整个开户流程需要多久？"

DeepSeek 会回复："从准备资料到审核通过，通常需 1 ~ 3 个工作日。建议选择工作日白天提交申请，审核速度更快。"

🎧 第二步：让 DeepSeek 帮你整理开户资料

核心功能：通过文字描述或上传图片，让 DeepSeek 检查资料是否符合要求。

➲ 资料清单问答

输入问题："开户需要准备哪些资料？"

DeepSeek 通常会列出："必备资料：①有效期内的身份证原件；②本人名下储蓄卡；③实名认证的手机号。若开通融资融券等业务，可能需收入证明或资产证明。"

➲ 特殊场景处理

问题："我的身份证快过期了，还能开户吗？"

回答："若有效期剩余不足 3 个月，建议先更新身份证。临时身份证需咨询券商是否支持。"

➲ 用图片识别检查资料

操作示例：

场景 1：身份证拍摄问题。

发送身份证正面照片，并提问："请帮我检查身份证照片是否符合开户要求。"

DeepSeek 会回复："正面照片清晰，但边缘有反光，建议重新拍摄（需四角完整、无遮挡）。反面需包含有效期限信息。"

场景 2：银行卡模糊。

上传银行卡照片，并提问："这张银行卡照片能用吗？"

DeepSeek 回复："卡号部分模糊，请调整角度避免反光，确保卡号、姓名清晰可见。"

➲ 常见错误提示

问题："开户时总提示'资料不清晰'，怎么办？"

回答："①检查照片是否对焦；②避免强光或阴影遮挡；③确保图片格式为 JPG 或 PNG，大小不超过 5MB。"

第三步：通过 DeepSeek 对比证券公司

操作关键：通过连续提问获取客观信息，避免被广告误导。

➲ 询问券商选择标准

输入问题："新手应该怎么选证券公司？"

DeepSeek 会建议："重点看三点：①手续费率（股票交易佣金）；② App 操作是否简单；③是否有线下营业厅（如需现场办理业务）。建议优先选择低费率且服务评价好的大型券商。"

➲ 补充信息

问题："大型券商和小券商有什么区别？"

回答："大型券商系统更稳定、服务更全面，但手续费可能略高；小券商费率低，但功能可能不完善。新手建议优先选择规模较大的券商。"

➲ 获取具体数据

继续提问："目前哪几家券商手续费最低？"

DeepSeek 会回复："据公开数据，××券商普通账户佣金万分之 1.5，××券商新用户首年万分之 1.2，××券商需交易满 10 万元可享万分之 1.8。具体以官方数据为准。"

➲ 识别虚假宣传

若看到"零佣金开户"广告，可截图发给 DeepSeek 并提问："这家券商说免佣金，是真的吗？"

DeepSeek 会分析图片文字并提醒："需注意隐藏费用：印花税（国家收取，卖出时 0.1%）和过户费（成交金额 0.001%）仍需缴纳。'零佣金'可能仅指券商不收取交易佣金。"

➡ 防骗技巧

问题："如何判断券商是否正规？"

回答："①查看证监会官网公布的持牌机构名单；②确认 App 名称与官网一致；③避免通过非官方链接下载软件。"

第四步：用 DeepSeek 学习填写开户资料

核心方法：通过问答解决填表时的常见问题。

➡ 模拟填写练习

输入问题："证券开户申请表上'职业信息'怎么填？"

DeepSeek 会解释："按实际情况填写，如'自由职业''企业职员'等。若无固定职业，可填'其他'并备注收入来源（如房租、理财收益）。"

➡ 复杂场景处理

问题："我是学生，没有收入证明，能申请证券开户吗？"

回答："可以。学生开户只需提供身份证、银行卡和手机号，但部分高级功能（如融资融券）可能受限。"

➡ 避免填写错误

若遇到不确定的选项，直接提问："风险测评选'保守型'会不会不能买股票？"

DeepSeek 会回答："不会，但系统可能限制高风险产品（如融资融券）的购买。测评需如实填写，否则可能影响后续服务。"

➡ 填表技巧

问题："联系地址写身份证上的地址还是现住址？"

回答："建议填写现住址，需与银行卡预留地址一致，否则可能影响银证转账。"

第五步：DeepSeek 教你验证开户结果

⮞ 查询审核进度

输入问题："证券开户提交后多久能通过？"

DeepSeek 会告知："通常 1 ～ 3 个工作日。若超过时间未收到通知，可联系券商客服查询。"

⮞ 加急处理

问题："审核太慢，能加急吗？"

回答："部分券商提供加急服务，需联系人工客服申请。普通情况下请耐心等待。"

⮞ 解决审核失败问题

若收到"资料不清晰"的短信，可重新拍摄资料并问 DeepSeek："帮我检查这张银行卡照片是否合格。"

DeepSeek 会反馈："卡号部分反光，请调整角度避免眩光，并确保卡面四角完整。"

⮞ 特殊问题处理

问题："审核失败显示'身份信息不符'，怎么办？"

回答："①检查姓名、身份证号是否填写错误；②确认身份证是否过期；③联系券商客服核对系统信息。"

第六步：DeepSeek 的避坑指南

⮞ 识别常见套路

输入问题："开户后总接到推销电话怎么办？"

DeepSeek 会建议："可在券商 App 中关闭'营销信息推送'，或直接致电客服要求屏蔽。勿轻信'高收益荐股'等天上掉馅饼的事。"

⮞ 防骚扰设置

问题："如何关闭短信通知？"

回答："登录券商 App，进入'消息设置'→'推送管理'，关闭'营销类通知'。"

⮞ 费用避坑

提问："为什么我的账户被扣了额外费用？"

DeepSeek 会列出可能原因："①交易佣金外的印花税；②账户管理费（部分券商收取）；③融资融券利息。建议查看交割单明细。"

⮞ 费用减免技巧

问题："如何降低手续费？"

回答："①联系客户经理协商佣金率；②参与券商新用户优惠活动；③选择交易量较大的券商享受阶梯费率。"

用 DeepSeek 实现自助开户只需三步

◆ 提问题：通过连续提问获取开户流程、资料清单、券商对比等信息。
◆ 拍图片：上传资料图片让 DeepSeek 检查是否符合要求。
◆ 改资料：根据 DeepSeek 的反馈调整资料或填写内容。

⮞ 小贴士

DeepSeek 的辅助价值

（1）生成开户流程的步骤化文字指引。
（2）提供证件照片的合规性文字检查清单。
（3）整理券商费率对比的文字表格。
（4）输出开户资料的常见错误文字提示。
（5）归纳开户问题的文本解决方案库。

⊃ **下一步预告**

　　现在我们已经知道怎么开通证券账户，在下一节中，我们将让 DeepSeek 详细解析"炒股需要哪些费用"，包括交易佣金、印花税、过户费等具体计算方式，并教你如何通过简单提问优化成本。

▶ 1.2　DeepSeek 告诉你炒股需要哪些费用

　　炒股的成本就像买菜时的零钱，看似不起眼，但积少成多。许多人因为忽略费用，赚了股价却亏了手续费。本节用 DeepSeek 帮你彻底算清每一分钱，从此告别"隐形亏损"。

🔵 第一步：用 DeepSeek 搞懂炒股有哪些费用

核心操作：通过提问直接获取费用清单，避免遗漏。

⊃ 基础费用提问

在 DeepSeek 对话框中输入："炒股需要交哪些费用？"

DeepSeek 会回复："主要费用包括：①交易佣金（买卖时券商收取）；②印花税（卖出时国家收取 0.1%）；③过户费（成交金额的 0.001%）；④其他费用（如账户管理费、融资利息等）。"

⊃ 逐项拆解费用规则

1. 交易佣金

问题："交易佣金具体怎么算？"

回答："佣金按成交金额比例收取，比如费率是万分之 3，买 1 万元股票需付 3 元。最低 5 元起收（即不满 5 元按 5 元收）。买卖各收一次。"

补充提问："如果只买 5000 元股票，佣金是多少？"

回答："5000 元 ×0.0003=1.5 元，但未达到 5 元最低标准，实际收 5 元。"

追问："所有券商都有最低佣金吗？"

回答："大部分券商有最低 5 元限制，但少数互联网券商可能会取消最低收费，按实际比例收取。"

2. 印花税

问题："印花税是买的时候交还是卖的时候交？"

回答："仅在卖出股票时收取，税率 0.1%。例如，卖出 1 万元股票，印花税为 10 元。"

追问："如果我今天卖出后又买回来，还要交印花税吗？"

回答："只要卖出就会收取，与后续是否买入无关。"

3. 过户费

问题："过户费是交给谁的？"

回答："由中国结算公司收取，买卖双向收取，费率固定为成交金额的 0.001%。例如，买 1 万元股票，过户费 0.1 元；卖 1 万元再收 0.1 元。"

补充提问："过户费会调整吗？"

回答："近年来费率稳定，但政策可能变动。以下是'最新过户费标准'的实时信息……"

4. 其他费用

问题："账户管理费是什么？"

回答："部分券商对资产低于 1 万元的账户每月收取 5 ～ 10 元的管理费。可通过存入 1 万元以上或联系客服取消此项费用。"

追问："如何查看我的券商是否收管理费？"

回答："登录券商 App → 帮助中心 → 搜索'账户管理费'，或直接问 DeepSeek：'×× 券商收账户管理费吗？'"

第二步：用 DeepSeek 查询你的实际费用

核心功能：通过上传交割单截图，让 DeepSeek 分析费用明细。

◐ 获取交割单的完整步骤

步骤 1：登录券商 App，点击底部菜单"交易"或"我的账户"。

步骤 2：进入"交割单"或"历史成交"页面，选择最近一笔交易。

步骤 3：截图保存（需包含"成交金额""佣金""印花税""过户费"等字段）。

注意事项：若截图不完整，DeepSeek 还会提示："缺少过户费数据，请上传完整交割单。"

⊃ 用 DeepSeek 解读交割单

操作示例：

上传截图并提问："请帮我分析这笔交易的手续费。"

DeepSeek 会逐项说明："①成交金额：×××元；②买入佣金：×××元（按最低 5 元收取）；③卖出佣金：×××元；④印花税：×××元（成交金额 ×0.1%）；⑤过户费：×××元（成交金额 ×0.001%×2 次）。总费用：×××元。"

数学验证：

假设佣金费率为万分之 3：最低佣金 5 元对应的交易金额 = 5 ÷ 0.0003 ≈ 16667 元。若交易金额低于此数，按 5 元收取；高于此数，按实际比例计算。

🔘 第三步：用 DeepSeek 对比不同券商的费用

操作目标：找到性价比最高的券商，节省长期成本。

⊃ 获取券商费率数据的详细方法

问题："哪些券商佣金最低？"

回答："A 券商万分之 1.5（新用户首年万分之 1），B 券商万分之 2（需资产满 1 万元），C 券商万分之 3（无条件）。具体以官方数据为准。"

补充提问："如何确认某券商的最新费率？"

回答："（1）登录券商官网查看公示。

（2）联系在线客服。"

⊃ 计算长期成本的详细公式

问题："如果每月交易 10 万元，选万分之 1.5 和万分之 3 的券商，一年差多少钱？"

计算过程：

万分之 1.5 券商：

买入佣金：10 万元 ×0.00015=15 元

卖出佣金：10 万元 ×0.00015=15 元

单月总佣金：15+15=30 元

一年总佣金：30×12=360 元

万分之 3 券商：

买入佣金：10 万元 ×0.0003=30 元

卖出佣金：10 万元 ×0.0003=30 元

单月总佣金：30+30=60 元

一年总佣金：60×12=720 元

差价：720-360=360 元 / 年

➲ **识别隐藏条款的深度解析**

问题："某券商宣传'万分之 1 佣金'，实际有什么条件？"

回答："常见限制条件：①需账户资产连续 3 个月满 10 万元；②每月交易满 5 笔；③仅限沪深 A 股，基金费率另算。未达标则恢复万分之 3 费率。"

验证方法：

将券商宣传文案截图发送给 DeepSeek，提问："请分析这段话中的隐藏条款。"

DeepSeek 会标注关键限制条件，并提示风险。

第四步：用 DeepSeek 避开费用陷阱

常见问题：新手容易忽略的收费项目，DeepSeek 帮你提前预警。

➲ **账户管理费的应对策略**

问题："如何避免被收账户管理费？"

回答："①开户时选择'无管理费'的券商；②账户内保留 1 万元以

上资产；③联系客服申请豁免。"

操作示例：

输入问题："××券商能取消管理费吗？"

DeepSeek 会回复："可尝试联系客服，说明'长期持有账户但资金暂时不足'，部分券商会酌情减免。"

➡ 融资融券利息的详细规则

问题："融资利息是每天算还是每月算？"

回答："按日计算，次日凌晨扣收。例如，日息 0.05%，借款 1 万元每日利息 5 元，30 天利息 150 元。"

补充提问："如果只借一天，利息怎么算？"

回答："当日借次日还，按 1 天计息；若跨节假日，可能按实际占用天数计算。"

➡ 增值服务的必要性分析

问题："付费 Level-2 行情值得买吗？"

回答："Level-2 可查看实时挂单数据，适合短线高频交易者。新手建议先使用免费基础功能，熟练后再考虑升级。"

成本对比：

Level-2 月费 30 元对比普通行情免费，若每月交易佣金仅 50 元，额外支付 30 元可能占成本 60%，需谨慎选择。

第五步：用 DeepSeek 优化费用支出

实操技巧：通过简单操作，每年轻松省下几百元。

➡ 申请佣金费率调整的完整流程

步骤 1：登录券商 App，点击"我的→在线客服"。

步骤 2：输入："其他券商提供万分之 1.5 佣金，能否为我调整？"

步骤 3：若客服拒绝，可要求转户，"若不调整，我将转至××券商"。

步骤 4：通常 1～3 个工作日内，客户经理会联系确认新费率。

话术示例：

"我在贵司交易满 2 年,累计佣金超 50000 元,希望申请万分之 1.5 费率。"

避免最低佣金陷阱的数学原理：

问题："为什么小金额交易更吃亏？"

回答："假设佣金万 3,最低 5 元：

交易 1 次 1 万元,佣金 5 元,实际费率 0.05%。

交易 1 次 5 万元,佣金 15 元,实际费率 0.03%。

单次金额越大,实际费率越低。"

优化方案：

将每月 10 次 1000 元交易合并为 2 次 5000 元交易：

原佣金：10 次 ×5 元 =50 元。

现佣金：2 次 ×5 元 =10 元。

直接节省 40 元。

 总结

三招彻底掌控炒股成本

◆算：逐笔分析交割单,明确每项支出。

◆选：对比券商费率,优先选择无最低佣金、无管理费的平台。

◆谈：主动联系客服协商降低费率。

⊃ 小贴士

DeepSeek 的辅助价值

（1）拆解费用结构的文字说明模板。

（2）提供交割单的文本解析方法。

（3）生成不同券商的长期成本对比表。

（4）整理费率协商话术的文字指南。

（5）标注营销话术的文本风险提示。

> **⤵ 下一步预告**
>
> 　　在下一节中，将用 DeepSeek 详解"炒股的基本信息"，包括交易时间、涨跌幅限制、股票代码规则等，助你快速掌握入门必备知识。

▶ 1.3　DeepSeek 助你了解炒股的基本信息

　　炒股就像开车上路，不懂交通规则难免剐蹭闯祸。新手常犯的误区是盯着股价涨跌，却连"单行道""限速牌"都分不清——交易时间记错白等一天，股票代码看混买错标的，大盘指数涨跌读不懂市场方向。在本节中，DeepSeek 化身"导航语音"，带你快速掌握炒股必备的"交规三件套"：交易时段是红绿灯，交易所代码是路标，股票指数是导航仪。从此告别"违规操作"，稳稳驶入投资快车道。

🔰 第一步：用 DeepSeek 搞懂交易时间

　　核心操作： 通过提问获取准确的开市、闭市时间，避免错过交易窗口。

　　⤵ **基础问题提问**

在 DeepSeek 对话框中输入： "A 股每天几点开盘和收盘？"

DeepSeek 会回复： "A 股交易时间：

周一至周五（法定节假日除外）

上午：9:30—11:30

下午：1:00—3:00

其他时间无法交易。"

补充说明：

　　若在非交易时间尝试挂单，券商会提示"当前为非交易时段，委托无效"。例如，若你在晚上 8 时尝试买入股票，系统会直接拒绝操作。

　　周末（周六、周日）和法定节假日（如春节、国庆节）全天休市，无法进行任何操作。例如，2025 年国庆节休市时间为 10 月 1 日至 10 月 7 日，10 月 8 日恢复交易。

➲ **细分时段规则**

问题："开盘前 9:15 能挂单吗？"

回答："可以。详细时段规则：

（1）9:15—9:25：集合竞价（可挂单、撤单）。

（2）9:25—9:30：静默期（不可操作，系统匹配成交）。

（3）9:30—11:30：连续竞价（正常交易，价格实时变动）。

（4）11:30—13:00：午间休市（不可操作）。

（5）14:57—15:00：收盘集合竞价（仅深市股票可挂单，沪市股票在 14:57 后不可挂单）。"

操作注意事项：集合竞价期间挂单可修改或撤销，但 9:20—9:25 期间只能挂单，不可撤单。若你在 9:22 分试图撤销委托，系统会提示"当前时段不可撤单"。

深市股票在收盘集合竞价阶段（14:57—15:00）仍可挂单，但沪市股票在此阶段无法操作。若想卖出沪市股票，须在 14:57 前完成挂单。

特别提醒：若节假日前一天为交易日，当天 15:00 后无法交易，资金需提前转出。

验证方法

若不确定节假日安排，可上传国务院发布的放假通知截图，**提问**："请根据这张图确认股市休市日期。"

DeepSeek 会标注具体休市时间段。例如，上传 2025 年春节放假通知后，**DeepSeek 会回复**："休市日期为 1 月 28 日至 2 月 3 日。"

🧑 第二步：用 DeepSeek 分清各大交易所

核心功能：通过问答明确不同交易所的股票代码规则与交易差异。

⇨ **交易所类型识别**

问题："A 股有哪些交易所？"

回答："（1）上海证券交易所（沪市）：股票代码以 6 开头，如 600519（贵州茅台）。

（2）深圳证券交易所（深市）：股票代码以 0 或 3 开头，如 000001（平安银行）、300750（宁德时代）。

（3）北京证券交易所（北交所）：股票代码以 8 开头，如 830799（贝特瑞）。"

⇨ **代码规则详解**

沪市主板：600、601、603、605 开头。例如，600418（江淮汽车）为主板股票；科创板：688 开头。例如，688981（中芯国际）为科创板股票。

深市主板：000、001 开头；中小板：002 开头（已合并至主板）；创业板：300 开头。例如，300059（东方财富）为创业板股票。

北交所：8 开头，首日上市股票代码为 83、87、88 开头。例如，832982（锦波生物）为北交所股票。

⇨ **交易规则对比**

问题："沪市和深市的股票买卖规则一样吗？"

回答："主要区别：

（1）最低买入单位：沪市和深市均为 1 手 =100 股，但沪市科创板需200 股起买。

（2）涨跌幅限制：沪市 / 深市主板：10%；科创板 / 创业板：20%；北交所：30%；ST 股：5%。

（3）新股上市首日：科创板 / 创业板：无涨跌幅限制；主板：首日最高涨 44%，次日恢复 10% 涨跌幅。"

操作示例：

输入问题："创业板股票涨跌停是多少？"

回答："创业板股票每日涨跌幅限制为 20%，ST 创业板股票为 20%。"

➲ 北交所特殊规则

问题： "北交所的股票怎么买？"

回答： "①开通权限：账户资产连续 10 个交易日日均 50 万元以上，需通过北交所知识测试（80 分以上）；②交易单位：1 手 =100 股，申报股数需为 100 股整数倍；③涨跌幅限制：30%，新股上市首日不设限。"

第三步：用 DeepSeek 看懂股票指数

操作目标： 通过简单提问理解大盘涨跌的意义。

➲ 指数基础解释

问题： "上证指数是什么？"

回答： "上证指数（代码 000001）反映上海证券交易所股票整体涨跌。如果指数从 3000 点涨到 3100 点，说明沪市股票平均上涨 3.3%。

计算公式：指数 =（当前总市值 ÷ 基期总市值）× 基期指数。"

补充说明：

基期为 1990 年 12 月 19 日，基期指数为 100 点。

若某日上证指数上涨 1%，代表沪市股票平均上涨 1%。例如，若指数从 3000 点涨至 3030 点，涨幅为 1%。

➲ 常见指数对比

问题： "深成指和创业板指有什么区别？"

回答： "①深成指（代码 399001）：包含深市 500 家大型企业，行业覆盖广；②创业板指（代码 399006）：仅包含创业板 100 家高成长公司，波动更大；③沪深 300（代码 000300）：覆盖沪市和深市 300 家龙头企业，代表市场整体水平。"

指数作用：

若沪深 300 上涨，说明大市值股票表现较好。例如，若贵州茅台、中国平安等权重股上涨，沪深 300 指数会明显上升。

若创业板指下跌，可能反映科技股行情走弱。例如，若宁德时代、迈瑞医疗等创业板龙头股下跌，创业板指将承压。

第四步：用 DeepSeek 掌握交易规则

核心功能：通过问答解决买卖中的具体限制问题。

➲ 涨跌幅限制

问题："股票一天最多能涨多少？"

回答："①普通股票：10%；② ST 股：5%；③科创板 / 创业板股票：20%；④北交所股票：30%；⑤新股上市首日，主板：首日最高涨 44%；科创板 / 创业板 / 北交所：无涨跌幅限制。"

操作示例：

若某创业板股票昨日收盘价 10 元，今日最高价为 12 元（10×1.2），最低价为 8 元（10×0.8）。

➲ T+1 交易制度

问题："今天买的股票能今天卖吗？"

回答："不能。A 股实行 T+1 制度：

今日买入的股票，需第二个交易日（T+1 日）才能卖出。

今日卖出的资金，当日可继续买入股票，但需 T+1 日才能转出至银行卡。"

例外情况：

国债逆回购、货币基金等品种支持 T+0 交易，但股票交易严格遵循 T+1。例如，若你卖出货币基金，资金可立即用于购买股票。

➲ 买卖挂单技巧

问题："怎么快速卖出股票？"

回答："使用'市价委托'：以当前市场最优价格立即成交。"

操作步骤：

（1）打开券商 App →选择持仓股票→点击"卖出"。

（2）选择"市价委托"→输入数量→确认下单。

注意：市价委托可能因价格波动导致成交价与预期有偏差。

⮕ 挂单类型对比

市价委托：快速成交，适合急用钱或行情剧烈波动时。

限价委托：价格可控，适合追求特定成交价的投资者。

第五步：用 DeepSeek 学习基础术语

操作目标：通过连续提问扫清概念障碍。

⮕ K 线图解释

问题："K 线图的红绿柱子是什么意思？"

回答："1. 红柱（阳线）：

开盘价：柱体下端。

收盘价：柱体上端。

最高价：上影线顶端。

最低价：下影线底端。

2. 绿柱（阴线）：

开盘价：柱体上端。

收盘价：柱体下端。

其他同上。"

一句话总结：红涨绿跌，影线越长波动越大。

操作示例

上传个股（如江淮汽车）K 线图截图并提问："请解释这张 K 线图。"

DeepSeek 回复："江淮汽车 K 线：

（1）开盘价 ××× 元，收盘价 ××× 元（阳线）。

（2）最高价 ××× 元（上影线），最低价 ××× 元（下影线）。

（3）当日涨幅 ×××%。"

➲ **成交量含义**

问题："成交量变大说明什么？"

回答："①上涨时放量：可能有大资金进场，趋势有望延续；②下跌时放量：可能有恐慌抛售，需警惕风险；③横盘时放量：可能即将选择方向（突破上涨或下跌）。"

注意：成交量需结合价格变化分析，单独看无意义。

 总结

三步建立炒股知识框架

◆ 查时间：确认交易时段，避免无效操作。

◆ 认代码：通过股票代码区分交易所和板块。

◆ 记规则：牢记涨跌幅、T+1 等基础制度。

➲ 小贴士

DeepSeek 的辅助价值

（1）生成交易所规则的对比文本。

（2）提供股票代码分类的文字速查表。

（3）整理指数涨跌的文本分析框架。

（4）标注交易时段的操作注意要点。

（5）输出基础术语的简明文字解释。

➲ 下一步预告

在下一章中，DeepSeek 将教你"智能选股"，包括如何筛选潜力股、分析基本面、识别强势股等实战技巧。

第2章

智能选股：
用 DeepSeek 挖掘潜力股

▶2.1　用 DeepSeek 选择你最喜欢的股票

炒股第一步不是急着买股票，而是先搞清自己适合什么样的投资方式。有人喜欢长期持有拿分红，有人喜欢快进快出赚差价，还有人想跟着热点炒概念。本节将教你用 DeepSeek 快速定位自己的投资风格，并找到对应的股票类型。

第一步：用 DeepSeek 测出你的投资性格

核心操作：通过提问，让 DeepSeek 帮你分析风险偏好和投资习惯。

➲ 提问示例

问题 1："我平时上班很忙，没时间盯盘，适合哪种炒股方式？"

DeepSeek 回复："根据您的描述，建议选择长线投资。

➲ 长线特点

（1）每月只需关注 1～2 次，不需要频繁操作。

（2）主要赚公司成长和分红的钱，适合耐心等待。

（3）适合持有半年以上，甚至几年不卖出。

推荐股票类型：高分红蓝筹股（如 ×× 银行）、行业龙头股（如 ××电器）。"

具体操作

打开 DeepSeek 对话框，输入"筛选高分红蓝筹股"，系统会列出至少5 年分红稳定增长的股票清单。

问题 2："我有 5 万元闲钱，想半年内赚 20%，该怎么操作？"

DeepSeek 回复："建议选择中线波段。

➲ 中线特点

（1）持股 1 ～ 6 个月，需要定期关注市场变化。

（2）关注行业政策或业绩爆发期，比如新能源补贴发布前布局。

（3）需每月分析财报和新闻，及时调整策略。

推荐股票类型：景气度上升的周期股（如水泥、钢铁）、业绩预增股（如某季度净利润翻倍的公司）。"

问题 3："我每天能花 2 小时看盘，想快速赚钱，该怎么做？"

DeepSeek 回复："谨慎选择短线交易。

➲ 短线特点

（1）持股几天到几周，需要盯盘和快速决策。

（2）风险高，容易受消息面影响，波动剧烈。

（3）适合对市场敏感、能承受亏损的投资者。

推荐股票类型：热点概念股（如近期爆火的 AI 概念）、成交量活跃的小盘股（如市值低于 50 亿元的公司）。"

常见问题："我怎么知道自己是不是保守型投资者？"

DeepSeek 回复："可尝试回答以下问题：①能接受本金亏损多少？5% 以下选保守，20% 以上选激进；②投资目标是保值还是增值？保值选长线，增值选中线；③每天能花多少时间？小于 30 分钟选长线，大于 2 小时选短线。"

🔘 第二步：用 DeepSeek 搞懂股票分类

核心功能：通过简单提问，快速区分股票类型，避免选错方向。

➲ 按板块分类

提问示例："股票有哪些板块？各有什么特点？"

DeepSeek 回复："常见板块：

1. 消费板块（如白酒、家电）

特点：业绩稳定，受经济波动影响小。

代表股票：××白酒（代码×××××）、××家电（代码×××××）。

适合人群：追求稳定收益的长线投资者。

2. 科技板块（如芯片、AI）

特点：波动大，政策和技术突破影响明显。

代表股票：××芯片（代码×××××）、××AI公司（代码×××××）。

适合人群：能承受风险的中线投资者。

3. 医药板块（如创新药、医疗器械）

特点：受医保政策和研发进展影响大。

代表股票：××药企（代码×××××）、××医疗（代码×××××）。

适合人群：关注行业趋势的谨慎投资者。

4. 金融板块（如银行、保险）

特点：分红高，但增长缓慢。

代表股票：××银行（代码×××××）、××保险（代码×××××）。

适合人群：注重现金流的保守型投资者。"

进一步筛选："这几年有什么热门概念？"

DeepSeek 回复："这几年比较热门的概念：

1. 人工智能（如AI芯片、机器人）

政策支持：国家发布AI发展规划。

代表股票：××科技（代码×××××，月涨幅30%）。

风险提示：部分公司无实际业务，谨防炒作。

2. 新能源（如储能、氢能）

行业前景：碳中和目标推动需求。

代表股票：××能源（代码×××××，近期中标大单）。

风险提示：技术路线可能被替代。

3. 国企改革（如央企重组）

政策背景：国资委推动资源整合。

代表股票：×× 集团（代码 ××××××，重组方案待批）。

风险提示：重组周期长，存在不确定性。"

➲ 特殊股票类型

1. ST 股

提问："什么是 ST 股？能买吗？"

DeepSeek 回复："ST 股是连续亏损被警示的股票：

（1）涨跌幅限制 5%，波动小于普通股票。

（2）常见风险：可能退市、财务造假。

（3）新手不建议参与。"

案例：××ST 股（代码 ××××××）因业绩连续亏损，股价从 10 元跌至 1 元。

2. 蓝筹股

提问："蓝筹股有什么标志？"

DeepSeek 回复："蓝筹股是行业龙头：

（1）市值超 500 亿元，如 ×× 银行（市值 8000 亿元）。

（2）行业排名前三，如 ×× 白酒（市占率 30%）。

（3）分红稳定，如近 5 年股息率均高于 3%。"

📍 第三步：用 DeepSeek 定制选股条件

实操步骤：通过组合提问，让 DeepSeek 提供专业的选股思路和数据分析方法。

➲ 长线投资者

提问模板："帮我分析高分红蓝筹股的投资价值？"

DeepSeek 回复："高分红蓝筹股的核心价值在于：

（1）稳定分红体现公司现金流充裕。

（2）行业龙头地位确保长期竞争优势。

（3）低市盈率提供安全边际。"

重点分析维度

（1）5 年分红增长率。

（2）行业市占率变化。

（3）负债率水平。

操作建议

可以关注食品饮料、公用事业等防御性行业，查询相关公司的历年分红数据……

⮕ 中线投资者

提问模板："如何挖掘业绩预增股的投资机会？"

DeepSeek 回复："业绩预增股的关键分析要点：

（1）业绩增长的真实性验证。

（2）行业景气度持续性判断。

（3）估值提升空间评估。

具体方法

（1）对比季度环比增长。

（2）分析主营业务收入构成。

（3）关注机构调研动态。"

案例说明

某新能源公司业绩预增，需区分是补贴政策驱动，还是真实需求增长……

⮕ 短线投资者

提问模板："如何把握热点概念股的操作节奏？"

DeepSeek 回复："热点概念股的操作要点：

（1）概念持续性评估。

（2）资金介入程度分析。

（3）技术面买卖点判断。

关键指标

（1）板块资金流向。

（2）龙虎榜机构动向。

（3）成交量异动情况。

风险提示

概念炒作往往来得快去得快，需设置严格止损……"

第四步：用 DeepSeek 识别投资风险

防坑指南：通过专业分析框架，帮助投资者规避常见陷阱。

➡ 财务风险识别

提问示例："如何识别潜在的财务造假风险？"

DeepSeek 回复："财务造假的常见预警信号：

1.异常财务指标

- 应收账款增速远超营收
- 毛利率显著高于同行
- 现金流与利润严重背离

2.公司治理问题

- 频繁更换审计机构
- 高管异常减持

3.业务异常

- 客户集中度突变
- 关联交易激增

分析方法

可以通过对比行业均值、追踪历史数据变化来识别异常……"

⊃ 异常波动分析

提问示例："如何判断涨停板股票的风险？"

DeepSeek 回复："涨停板股票的评估要点：

1. 涨停原因分析

- 政策利好
- 业绩预增
- 资产重组

2. 资金性质判断

- 机构买入
- 游资接力
- 散户跟风

3. 技术面考量

- 突破关键压力位
- 量价配合情况
- 筹码分布状态

操作建议

可结合消息面、资金面、技术面进行综合判断……"

 总结

3 分钟锁定你的专属股票池

- ◆ 问风格：用三个问题确定投资类型（长线 / 中线 / 短线）。
- ◆ 选类别：按板块（消费 / 科技）、概念（AI/ 新能源）缩小范围。
- ◆ 设条件：用财务指标（分红、市盈率）精准筛选。
- ◆ 排地雷：避开 ST 股、财务造假股等高风险股票。

小贴士

DeepSeek 的辅助价值

（1）提供投资风格的文本测评模型。

（2）生成板块特征的文字对比列表。

（3）整理股票筛选的文本条件库。

（4）标注风格错配的文本预警提示。

（5）输出案例分析的文本总结框架。

⊃ 下一步预告

下一节将详解"用 DeepSeek 看透股票的基本面"，教你用市盈率、市净率等指标，像专家一样分析公司价值。

▶ 2.2 用 DeepSeek 看透股票的基本面

买股票就像挑水果，不能只看外表光滑，还得切开看看果肉有没有坏。股票的基本面就是"果肉"，包括公司赚不赚钱、资产实不实、分不分红等。本节将教你用 DeepSeek 像切水果一样，一步步看清这些核心指标，避开"烂心"股票。

第一步：用 DeepSeek 搞懂市盈率（PE）——股票是贵还是便宜

核心功能：用最简单的问题，让 DeepSeek 告诉你市盈率是什么，并判断股票价格合不合理。

⊃ **什么是市盈率？**

提问示例： "市盈率是啥？数字大了好还是小了好？"

DeepSeek 回复： "市盈率就是股价除以每股赚的钱。"

举个例子：如果一支股票卖 10 元，每年每股能赚 1 元，市盈率就是 10 倍（10 元 ÷1 元）。

⮑ 怎么判断

（1）市盈率低（比如 10 倍以下）：可能便宜，但要看看同行是不是也低。

（2）市盈率高（比如 50 倍以上）：可能太贵，风险大。

⮑ 怎么用

在 DeepSeek 对话框里输入"查 ×× 股票市盈率"，选择联网搜索，可以看到网上最新的数据。

⮑ 实操步骤

提问："我想找消费股里市盈率低于 20 倍的，怎么操作？"

DeepSeek 回复："操作步骤：

（1）打开对话框，输入'筛选消费股 + 市盈率 <20'。

（2）系统会列出结果，比如：

×× 食品（市盈率 15 倍，卖酱油的龙头）。

×× 家电（市盈率 18 倍，空调卖得最好）。

×× 百货（市盈率 12 倍，本地超市老大）。

（3）点击股票名称，还能看详细数据：去年赚了多少钱、同行对比等。"

⮑ 防坑技巧

如果某股票市盈率特别低，先问 DeepSeek："×× 股票市盈率为什么这么低？"

DeepSeek 会给出提示："该公司最近卖了厂房，赚的是临时钱，主业其实亏了……"

⮑ 防坑案例

提问："×× 科技股市盈率 500 倍，能不能买？"

DeepSeek 回复："风险提示：

（1）同行平均市盈率 50 倍，这股票贵了 10 倍。

（2）公司最近三年利润一直在降，高市盈率撑不住。

（3）更多细节：利润下滑 30%、负债增加……"

第二步：用 DeepSeek 分析市净率（PB）——公司的家底厚不厚

核心功能：市净率都你看看股价是不是比公司实际资产还便宜。

⊃ 市净率是啥?

提问示例："市净率和市盈率有啥区别？咋用？"

DeepSeek 回复："市净率 = 股价 ÷ 每股净资产。"

举个例子：某股票 8 元,每股净资产 4 元,市净率就是 2 倍(8 元 ÷ 4 元)。

⊃ 啥时候用

（1）银行、钢铁这种靠厂房设备的行业，看市净率更准。

（2）市净率小于 1，说明股价比净资产还便宜，可能捡漏。

⊃ 怎么用

输入"查 ×× 银行市净率"，直接出结果。

⊃ 实操步骤

提问："帮我找市净率小于 1 的银行股。"

DeepSeek 回复："操作步骤：

（1）输入'筛选银行股 + 市净率 <1'。

（2）结果举例：

×× 银行（市净率 0.8 倍，每股净资产 5 元）。

×× 农商行（市净率 0.7 倍，存款最多）。

×× 城商行（市净率 0.9 倍，坏账少）。

（3）再问：'×× 银行市净率为什么这么低？'

系统提示：'同行平均市净率 0.9 倍,该银行最近利润下滑,市场不看好。'"

⊃ 防坑案例

提问："×× 钢铁股市净率 0.5 倍，买了能赚吗？"

DeepSeek 回复："需进一步分析：

（1）输入'查 ×× 钢铁净资产'，发现 80% 是旧机器，实际不值钱。

（2）输入'同行市净率对比'，行业平均 0.8 倍，但这公司亏了三年。

（3）结论：便宜可能有坑，谨慎！"

第三步：用 DeepSeek 看懂分红——股票会不会"下蛋"

核心功能：全面解析分红政策的各个维度，建立系统的分红评估体系。

⟶ 分红是啥？

提问示例："分红率咋算？除权除息是啥意思？"

DeepSeek 回复：

分红分析需要建立完整的评估框架：

核心指标体系

1. 股息率 = 每股分红 ÷ 股价

2. 持续性 = 连续分红年限

3. 分红支付率 = 分红总额 ÷ 净利润

4. 分红增长率 = 本年分红 ÷ 上年分红 −1

5. 分红现金流保障倍数 = 经营现金流净额 ÷ 分红总额

除权除息机制详解

1. 除权日股价调整公式

2. 除息日股价调整规则

3. 红利税计算方式

4. 填权行情的影响因素

5. 不同市场除权规则差异

分红质量评估要点

1. 分红资金来源（经营现金流还是举债）

2. 分红政策稳定性

3. 行业分红特征对比

4. 大股东分红偏好分析

5. 特殊分红形式（如特别分红）

异常分红信号识别

1. 异常高分红（超过净利润）

2. 分红政策突变

3. 配合大股东减持的分红

4. 现金流无法支撑的分红

5. 行业低谷期反常分红

DeepSeek 可提供

1. 完整的分红政策分析框架

2. 除权除息机制详解

3. 分红质量评估方法

4. 分红信号识别技巧

5. 国内外分红政策对比

第四步：用 DeepSeek 识破送配股——别被"数字游戏"忽悠

核心功能：深度剖析送配股的本质特征和投资策略，识别潜在风险。

➲ 送配股是啥？

提问示例："10 送 5 股啥意思？对散户有啥用？"

DeepSeek 回复：

送配股分析需要把握以下核心要点：

会计处理本质

1. 送股：留存收益转增股本，总权益不变

2. 转增：资本公积转增股本，总权益不变

3. 配股：新增融资，总权益增加

市场影响机制

1. 流通股数变化影响

2. 每股指标稀释效应

3. 股东结构变动影响

4. 市场心理预期变化

投资策略框架

1. 送转股前后股价运行规律

2. 除权缺口回补概率

3. 配股定价合理性评估

4. 股东参与意愿分析

5. 机构持仓变动预判

风险识别要点

1. 配合大股东减持的送转

2. 业绩无法支撑的高送转

3. 定价不合理的配股

4. 资金面紧张的强制配股

5. 概念炒作的异常送转

历史案例分析

1. 优质公司送转后的长期表现

2. 问题公司送转后的股价走势

3. 配股成功与失败的典型案例

4. 不同市场环境下送转效应差异

5. 机构投资者对送转的典型策略

DeepSeek 可提供

1. 送配股会计处理详解

2. 市场影响机制分析

3. 投资策略框架构建

4. 风险识别方法传授

5. 典型案例深度解析

第五步：用 DeepSeek 挖财报——避开"表面光鲜"的坑

核心功能：财报就像体检报告，数据不好看的公司迟早暴雷。

➮ 财报看啥？

提问示例："财报里哪些数据最重要？"

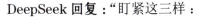

DeepSeek 回复："盯紧这三样：

（1）净利润：是不是年年涨（输入'查 ×× 公司 5 年利润'）。

（2）现金流：赚的是真钱还是假钱（输入'查 ×× 公司现金流'）。

（3）应收账款：有没有突然暴增（输入'分析 ×× 公司应收款'）。"

⮕ 实操步骤

提问："×× 公司利润涨了 50%，能买吗？"

DeepSeek 回复："操作步骤：

（1）查利润来源，发现 80% 是政府补贴，主业亏钱。

（2）同行对比，行业平均涨 10%，它涨 50% 太离谱。

（3）查审计报告，如果是'保留意见'，赶紧跑！"

⮕ 防坑案例

提问："财报哪里最容易造假？"

DeepSeek 回复："常见陷阱：

（1）关联交易：查 ×× 公司关联交易，超过 30% 有问题。

（2）库存造假：查存货周转率，连续下降可能卖不出去。"

⮕ 操作

上传财报截图给 DeepSeek，输入"标记出可疑数据"，DeepSeek 会重点说明异常地方。

五招变成基本面高手

◆ 比价格：市盈率看贵不贵。

◆ 摸家底：市净率看资产实不实。

◆ 数分红：好公司年年下"金蛋"。

◆ 防套路：送配股多是数字游戏。

◆ 挖财报：数据差的公司赶紧扔。

DeepSeek 的辅助价值

DeepSeek 无法提供实时行情和分析，但可以通过联网搜索了解到网上最新的资讯，而且还可以起到其他一些辅助价值，例如：

（1）提供财务指标的文本分析模板。

（2）生成估值对比的文字报告框架。

（3）整理分红质量的文字评估要点。

（4）标注财报异常的文字提示清单。

（5）输出财务数据的文本解读方法。

● 下一步预告

下一节讲解用 DeepSeek 一眼看出强势股和弱势股，专抓"涨得快、跌得慢"的好股票。

▶ 2.3 用 DeepSeek 分辨强势股和弱势股

炒股就像赛跑，强势股是跑得快的选手，弱势股是落在后面的。本节将教你用 DeepSeek 一眼看出谁有冠军相，谁可能半路摔倒。

⊙ 第一步：用 DeepSeek 看价格趋势——股价是往上冲还是往下掉

核心功能：通过简单的提问，让 DeepSeek "画"出股价走势图，并判断趋势强弱。

⊃ 什么是价格趋势？

提问示例："怎么判断股票是强势还是弱势？"

DeepSeek 回复："关键看价格方向：

（1）强势股：股价连续创新高，下跌时很快反弹。

（2）弱势股：股价不断新低，反弹时涨不动。"

⊃ 操作指令

如要查 ×× 股票近 1 个月的价格走势，可联网搜索该股的走势或者直接从网上截取近 1 个月的 K 线图，上传 DeepSeek 并对它进行提问，DeepSeek 会用文字描述趋势。

⊃ 实操步骤

上传 ×× 科技个股的详细信息，提问："最近是强势股吗？"

DeepSeek 回复："分析结果：

（1）过去 1 个月股价从 20 元涨到 30 元，涨幅 50%。

（2）每次跌到 25 元就反弹，说明有资金护盘。

（3）通过对比行业涨幅，该股跑赢行业平均（行业涨 20%）。

结论：短期强势，但需警惕高位风险。"

⊃ 进一步操作

输入："告诉我 ×× 科技支撑位和压力位"。

DeepSeek 会提示："支撑位 25 元（近期低点），压力位 32 元（前期高点）。"

⊃ 防坑技巧

提问："股价涨了但成交量很小，能信吗？"

DeepSeek 回复："警惕假突破：

（1）若上涨时成交量萎缩，可能是庄家自拉自唱。

（2）选择跟同行对比，若其他同类股没跟涨，需谨慎。"

第二步：用 DeepSeek 帮助看成交量——买卖的人多不多

核心功能：成交量是市场的"心跳"，强势股心跳强，弱势股心跳弱。

⊃ 成交量怎么看？

打开股票 App →搜索股票代码→进入个股页面→点击"盘口"，下拉至"成交明细"，即可查看。

提问示例："成交量大了好还是小了好？"

DeepSeek 回复："关键看配合价格：

（1）强势信号：上涨时成交量放大，说明很多人抢着买。

（2）弱势信号：下跌时成交量放大，说明很多人恐慌卖出。"

➲ **实操步骤**

提供个股的详细数据给 DeepSeek，并提问："该股算不算强势股？"

DeepSeek 回复："数据分析：

（1）股价从 10 元涨到 15 元，成交量从 50 万手增加到 200 万手。

（2）通过查主力资金流向，发现大单买入占比 70%。

（3）通过行业成交量对比，该股活跃度排名前 10%。

结论：量价齐升，强势特征明显。"

➲ **验证方法**

输入："分析该股成交量是否健康"。

DeepSeek 提示："放量均匀，无单日爆量后缩量，趋势可靠。"

➲ **防坑案例**

提问："该股涨停但成交量很小，能追吗？"

DeepSeek 回复："风险提示：

（1）查涨停封单量，若封单仅几千手，可能随时开板。

（2）查历史涨停后表现，该股过去 3 次涨停后 2 次大跌。

（3）结论：弱势涨停，风险大于机会。"

第三步：用 DeepSeek 看相对强度——比同行跑得快还是慢

核心功能：深入解析相对强度指标的多维度分析方法，帮助投资者全面把握个股相对表现。

➲ **什么是相对强度？**

提问示例：怎么知道某支股票比别的股强？

DeepSeek 回复：

相对强度分析的完整体系包含以下七个维度：

1. **相对强度的基础概念**

定义：个股表现相对于基准的表现差异

计算公式：$RS=($ 个股涨幅 / 基准涨幅 $)\times100$

时间周期：短期（1～4 周）、中期（1～3 个月）、长期（3 个月以上）

基准选择：大盘指数、行业指数、同规模公司群

2. **相对强度的计算方式**

简单相对强度：直接比较涨跌幅

标准化相对强度：使用 Z-score 标准化处理

排名相对强度：在同类股票中的百分位排名

累计相对强度：超额收益的累计值

3. **相对强度的分析要点**

强度持续性：连续跑赢的周数 / 月数

强度稳定性：波动幅度和回撤控制

强度加速度：强度提升的速度

强度背离：价格新高但强度下降

4. **行业相对强度分析**

行业内部排名：个股在行业中的相对位置

行业间相对强度：不同行业间的表现对比

行业轮动规律：强弱行业的周期性变化

龙头股识别：持续领涨行业的个股

5. **相对强度的技术指标**

RSI 相对强弱指标

相对强度线（个股 vs 基准）

相对强度比率

相对强度动量指标

6. **相对强度的应用场景**

选股：筛选持续强势个股

择时：判断行业轮动时机

风控：发现弱势预警信号

组合：平衡不同强度个股

7. 相对强度的局限性

需结合绝对价格分析

注意基准选择的合理性

警惕短期异常波动干扰

需配合成交量等指标

➲ DeepSeek 在这个过程中可提供

1. 相对强度的完整计算教程

2. 不同计算方法的对比分析

3. 多周期强度的综合评估

4. 行业强度分析的专业指导

5. 技术指标的详细解读

6. 实际应用的具体案例

7. 常见误区的规避方法

第四步：用 DeepSeek 看资金流向——大资金是在买还是在卖

核心功能: 系统讲解资金流向分析的完整框架, 深入解析主力行为特征。

➲ 资金流向怎么看?

提问示例："什么是主力资金？怎么查？"

DeepSeek 回复：

资金流向分析的完整知识体系：

1. 资金分类与特征

主力资金：机构投资者，单笔金额大，操作周期长

游资：短线大户，操作激进，快进快出

散户资金：金额分散，跟风操作明显

外资 : 注重基本面，操作风格稳健

2. 资金流向的分析维度

资金方向 : 净流入 / 净流出

资金力度 : 流入流出金额大小

资金持续性 : 连续流入 / 流出的天数

资金结构 : 不同类别资金的占比

3. 主力行为识别方法

建仓特征 : 温和放量，价格缓涨

洗盘特征 : 缩量回调，快速反弹

拉升特征 : 放量突破，加速上涨

出货特征 : 高位放量滞涨，大单对倒

4. 资金分析的技术指标

资金流量指标（MFI）

主力净流入指标

大单比率指标

资金异动指标

5. 资金流向的数据来源

交易所公开数据

龙虎榜交易明细

大宗交易数据

融资融券数据

6. 资金分析的实战技巧

早盘资金流向分析

尾盘资金异动判断

突破时的资金配合

回调时的资金承接

7. 资金陷阱识别

对倒拉升 : 虚假繁荣

尾盘突袭 : 做收盘价

大宗折价：暗度陈仓

融资异常：杠杆风险

➲ DeepSeek 在这个过程中可提供

1. 资金流向的完整分析框架

2. 主力行为的识别技巧

3. 技术指标的使用指南

4. 数据来源的权威解读

5. 实战应用的详细案例

6. 资金陷阱的识别方法

7. 最新监管政策解读

8. 历史数据的统计分析

第五步：用 DeepSeek 看消息面——利好利空影响有多大

核心功能：强势股常有政策或业绩利好，弱势股往往利空缠身。

➲ 消息面怎么分析?

提问示例："出利好消息后股票一定会涨吗？"

DeepSeek 回复："关键看两点：

（1）消息真实性：通过查消息来源，确认是否官方发布。

（2）市场反应：通过查消息公布后成交量，若放量上涨则有效。"

操作指令：通过分析 ×× 政策对股票的影响，DeepSeek 会解读关联度。

➲ 实操步骤

输入 ×× 公司的详细资料，提问："该公司宣布业绩翻倍，能买吗？"

DeepSeek 回复："分析步骤：

（1）查业绩预告原文，确认是否经过审计。

（2）查预告前后股价变化，若已提前涨 30%，可能利好出尽。

（3）查同行业绩，若行业整体增长 50%，该公司仅达标平均水平。"

结论：需警惕"见光死"。

➡ 深度操作

上传 ×× 公司的新闻信息，输入"监控 ×× 公司新闻"，DeepSeek 会分析并标注"利好""利空"。

➡ 防坑技巧

提问："利空出来后股价反而涨，能信吗？"

DeepSeek 回复："可能原因：

（1）查利空程度，若影响轻微（如罚款 100 万元），主力借机洗盘。

（2）查筹码分布，若散户恐慌卖出而主力接盘，后续可能反转。"

 总结

五招锁定强势股

◆ 盯趋势：股价节节高，下跌能反弹。

◆ 看成交量：上涨放量，下跌缩量。

◆ 比同行：涨幅跑赢行业和大盘。

◆ 跟主力：大资金持续流入。

◆ 筛消息：利好实锤，利空出尽。

➡ 小贴士

DeepSeek 的辅助价值

（1）生成趋势强度的文本评分标准。

（2）提供资金流向的文字分析模板。

（3）整理量价关系的文本观察要点。

（4）标注市场情绪的文本特征说明。

（5）输出技术指标的简明文字解释。

➡ 下一步预告

下一章将教你"买卖决策：用 DeepSeek 构建自己的信号体系"，明确告诉你什么价格该出手，什么价格要观望。

第 3 章

买卖决策：
用 DeepSeek 构建自己的信号体系

▶ 3.1 用 DeepSeek 寻找买入时机

炒股赚钱的关键是"买对时机"，就像赶集要趁早市，去晚了菜不新鲜还贵。本节将教你用 DeepSeek 判断什么时候该大胆追涨、什么时候能抄底捡漏，不靠运气，全靠数据说话。

🔘 第一步：用 DeepSeek 看懂"追高"的时机——什么时候该跟风

核心功能：通过分析趋势强度和资金热度，判断追涨是否安全。

1. 什么是"追高"？

提问示例："追高是什么意思？会不会被套？"

DeepSeek 回复："追高就是股价已经涨了一段后继续买入。

安全追高的条件：

（1）股价处于上升初期（如刚突破前期高点）。

（2）成交量持续放大，说明资金认可。

（3）行业或大盘同步走强。"

操作指令：上传 ×× 股票的详细信息，输入"分析这支股票是否适合追高"，系统会综合上述条件给出建议。

2. 实操步骤：追高前的三大检查

步骤 1：确认趋势强度。

提问："×× 股票连涨 5 天了，还能追吗？"

DeepSeek 回复："检查以下数据：

（1）查 ×× 股票 5 日涨幅，若涨幅 <30%，可能仍有空间。

（2）查换手率，若每日换手率稳定在 5%～10%，说明资金有序进场。

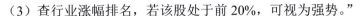

（3）查行业涨幅排名，若该股处于前 20%，可视为强势。"

步骤 2：识别有效突破。

提问："怎么判断股价是真突破还是假突破？"

DeepSeek 回复："验证方法：

（1）查 ×× 股票历史压力位，若当前价格比过去半年最高点高 5% 以上，视为突破。

（2）查突破后成交量，若突破当日成交量是前 3 日均量的 1.5 倍以上，有效性更高。

（3）查主力资金流向，若突破后 3 日资金净流入大于 5000 万元，确认主力参与。"

步骤 3：设定止损位。

提问："追高后跌了怎么办？"

DeepSeek 回复："必须提前设好止损：

（1）计算 ×× 股票支撑位，将止损设在支撑位下方 3%（如支撑位 10元，止损价 9.7 元）。

（2）设置心理下限，当股价跌到止损价时，建议赶紧抛售。

（3）查波动率，若股票近期波动大，止损范围可放宽至 5%。"

3. 防坑案例

提问："今天有个股票涨停了，我明天能追吗？"

DeepSeek 回复："风险排查：

（1）查涨停原因，若为小道消息（如'传闻重组'），需警惕。

（2）查封单量，若涨停封单仅占当日成交量的 10%，次日容易低开。

（3）查龙虎榜，若买入前五均为散户席位，勿追。"

🔹 第二步：用 DeepSeek 判断"抄底"机会——跌多少才算便宜

核心功能：通过估值、超跌信号和资金动向，找到安全的抄底位置。

1. 什么是"抄底"？

提问示例："股价跌了多少才能抄底？"

DeepSeek 回复："抄底不是猜底，要看三个信号：

（1）估值低于历史 90% 的时间（通过查 ×× 股票市盈率百分位）。

（2）短期跌幅超 30% 且缩量（通过查 ×× 股票 1 个月跌幅）。

（3）出现止跌迹象（如连续 3 天不创新低）。"

2. 实操步骤：抄底前的四步验证

步骤 1：检查是否超跌。

提问："我看 ×× 股票从 50 元跌到 30 元，能抄底吗？"

DeepSeek 回复："数据验证：

（1）查 ×× 股票年内最大跌幅，若已跌 50%（超过行业平均跌幅 30%），可能超跌。

（2）查市盈率历史分位，若当前市盈率处于过去 5 年最低 10% 区间，视为低估。

（3）查股东人数，若近期突然增加，可能是散户接盘，底部未到。"

步骤 2：确认止跌信号。

提问："怎么知道股价跌到底了？"

DeepSeek 回复："关键指标：

（1）查 ×× 股票最近 5 天最低价，若连续 3 天未破新低，可能企稳。

（2）查成交量变化，若下跌时缩量至前期 1/3 以下，抛压减轻。

（3）查资金流向，若最近 3 日大单净流入，说明主力开始吸筹。"

步骤 3：分批建仓。

提问："抄底应该一次买完吗？"

DeepSeek 回复："降低风险的操作：

（1）计算网格交易点位，将资金分为 3 份，如在 30 元、28 元、26 元分批买入。

（2）关注价格走势，每跌 2 元加仓一次。

（3）查支撑位，若跌破重要支撑（如年线），暂停加仓。"

步骤 4：设定退出条件。

提问："抄底后涨多少该卖？"

DeepSeek 回复："盈利策略：

（1）查压力位，若股价反弹至压力位（如 40 元），可卖出 1/2 仓位。

（2）关注均线情况，若股价跌破 10 日均线，清仓离场。

（3）查目标估值，若市盈率恢复到行业平均水平，获利了结。"

3. 防坑案例

提问："×× 股票跌了 60%，市盈率才 5 倍，能抄底吗？"

DeepSeek 回复："深度排查：

（1）查公司负债率，若负债率 >80%，可能资不抵债。

（2）查主营业务，若收入持续下滑，低市盈率是陷阱。

（3）查机构持仓，若机构持仓从 30% 降至 5%，说明专业资金不看好。"

🎯 第三步：用 DeepSeek 结合技术指标——双重确认买卖点

核心功能：用简单指标过滤虚假信号，提高成功率。

1. 均线金叉死叉

提问示例："什么是均线金叉？怎么用？"

DeepSeek 回复："金叉 = 短期均线上穿长期均线（如 5 日线突破 30 日线），是买入信号。"

操作步骤：

（1）查 ×× 股票 5 日 /30 日均线，若 5 日线大于 30 日线且向上，视为金叉。

（2）查金叉后表现，统计过去 3 次金叉后 1 个月平均涨幅。

（3）设置均线交叉提醒，金叉时自动通知。

2. MACD 指标（通过快慢均线交叉和柱状图变化，判断价格趋势强度与买卖信号的技术指标）

提问示例："MACD 红绿柱是什么意思？"

DeepSeek 回复："MACD 红柱 = 上涨动力强，绿柱 = 下跌动力强。"

操作步骤：

（1）查 ×× 股票 MACD 柱状图，若红柱连续放大，可持有。

（2）查 MACD 金叉，若 DIF 线上穿 DEA 线，配合放量则买入。

（3）分析 MACD 顶背离，若股价新高但 MACD 未新高，提示风险。

3. 实操案例

提问："×× 股票出现金叉且 MACD 红柱放大，能买吗？"

DeepSeek 回复："综合验证：

（1）查成交量，若金叉当日成交量是前 5 日均量的 1.2 倍以上，有效。

（2）查资金流向，若主力资金同步流入，确认信号。

（3）心里设止损价，以金叉当日最低价下方 3% 作为止损位。"

第四步：用 DeepSeek 监控市场情绪——避开群体性错误

核心功能：通过新闻、搜索量等数据，判断市场是否过热或过冷。

1. 情绪指标解读

提问示例："怎么知道市场情绪过热？"

DeepSeek 回复："关键信号：

（1）查某概念股搜索指数，若一周内暴涨 300%，可能短期见顶。

（2）查股票论坛热词，若'满仓干''十倍股'等词汇激增，警惕风险。

（3）查融资余额，若融资买入占比超 25%，说明杠杆资金入场，易踩踏。"

2. 实操步骤：情绪冰点抄底法

提问："市场恐慌时怎么选股？"

DeepSeek 回复："操作流程：

（1）查全市场跌停家数，若单日跌停大于 500 家，视为情绪冰点。

（2）筛选抗跌股，找出 3 日内跌幅小于 5% 且成交量稳定的股票。

（3）查抗跌股基本面，选择净利润连续增长、市盈率小于 20 倍的公司。

（4）关注反弹情况，当大盘反弹 1% 时自动提示买入。"

总结

四招抓住最佳买点

◆ 追高不盲目：趋势、成交、资金三验证。

◆ 抄底不猜底：超跌、止跌、分批买。

◆ 指标双确认：均线金叉 +MACD 配合。

◆ 情绪反人性：市场恐慌时找抗跌股。

小贴士

DeepSeek 的辅助价值

（1）提供估值分析的文本计算工具。

（2）生成技术指标的文本对照表。

（3）整理情绪指标的文本观察方法。

（4）标注假突破的文本识别特征。

（5）输出建仓策略的文字操作指南。

下一步预告

下一节将教你"用 DeepSeek 寻找卖出时机"，明确何时该落袋为安，何时需果断止损。

3.2　用 DeepSeek 寻找卖出时机

炒股赚钱不仅要买得好，还要卖得巧。就像蒸馒头，火候不到馒头不熟，火候过了馒头会焦。本节将教你用 DeepSeek 判断什么时候该落袋为安、什么时候必须果断止损，不贪心、不犹豫，稳稳守住利润。

第一步：用 DeepSeek 设定止盈点——赚多少该收手

核心功能：通过目标收益率、压力位和资金流向，科学设定止盈位。

1. 什么是止盈？

提问示例："止盈是什么意思？赚了 10% 该卖吗？"

DeepSeek 回复："止盈就是达到预期收益后卖出，防止利润回吐。
设定标准：

（1）根据风险承受能力：保守者赚 5% ～ 10% 可止盈，激进者可设 20% ～ 30%。

（2）根据股票波动率：查 ×× 股票 1 个月波动幅度，若平均波动 15%，止盈点可设为涨幅 20%。

（3）根据压力位：查 ×× 股票压力位，若接近历史高点，提前止盈。"

2. 实操步骤：三种止盈策略

策略 1：固定收益率止盈。

提问："我想赚 5% 就卖，怎么操作？"

DeepSeek 回复："操作步骤：

（1）买入股票后的第二个交易日开始，可以设置本金 +5% 挂单卖出，若股票涨到这个价格后会自动卖出。

（2）若第二个交易日后涨幅始终到不了本金的 5%，可以始终设置本金 +5% 挂单卖出，若股票涨到这个价格后会自动卖出。

（3）若第二个交易日后开始下跌，需核算跌幅程度，看是否够设置本金 +5% 挂单卖出。若够，当股票涨到这个价格后会自动卖出；若不够，将无法挂单卖出，需重新考虑自己的计划。"

策略 2：动态跟踪止盈。

提问："股价一直涨，怎么调整止盈点？"

DeepSeek 回复："动态调整方法：

（1）查 ×× 股票 10 日均线，若股价始终在均线上方，每涨 5% 上移止盈点。

（2）移动止盈，当股价从最高点回撤 5% 时可考虑卖出。

（3）查行业趋势，若行业开始走弱，提前止盈。"

策略 3：分批止盈。

提问："本金 5 万元，赚了 20% 该卖多少？"

DeepSeek 回复："分批操作：

（1）通过计算持仓成本，若盈利 20%（1 万元），先卖出 50% 锁定 5000 元利润。

（2）剩余仓位通过关注行情浮动止盈，当回撤 10% 时卖出。

（3）查剩余仓位压力位，若接近阻力区，清仓离场。"

3. 防坑案例

提问："×× 股票赚了 25% 没卖，现在跌回成本价了，怎么办？"

DeepSeek 回复："补救措施：

（1）查该股当前趋势，若跌破 30 日均线且资金流出，果断止损。

（2）分析错失止盈原因，若因贪心未执行计划，需严格要求自己在下次出现时紧急处理。

（3）查同类股表现，若行业整体转弱，换仓至强势股。"

第二步：用 DeepSeek 执行止损——亏多少必须割肉

核心功能：通过技术支撑位、资金变化和基本面风险，避免越套越深。

1. 什么是止损？

提问示例："止损就是认亏吗？跌多少该割肉？"

DeepSeek 回复："止损是控制风险的必要手段，非认亏。

设定标准：

（1）根据本金比例：单支股票亏损不超过总资金 5%。

（2）根据支撑位：查 ×× 股票支撑位，跌破支撑 3% 止损。

（3）根据波动率：查 ×× 股票 10 日波动率，若平均波动 8%，止损设为 10%。"

2. 实操步骤：三类止损场景

场景 1：技术破位止损。

提问："股价跌破支撑位了，该卖吗？"

DeepSeek 回复："操作流程：

（1）查支撑位有效性，若连续 3 天收盘价低于支撑位，确认破位。

（2）查破位后成交量，若放量下跌，主力可能出逃。

（3）若超过止损预期，立即挂单卖出。"

场景 2：基本面恶化止损。

提问："公司突然亏损，要不要割肉？"

DeepSeek 回复："排查步骤：

（1）查最新财报摘要，确认亏损是否为一次性事件。

（2）查机构评级变化，若 3 家以上机构下调评级，立即卖出。

（3）查同行对比，若行业整体盈利仅该公司亏损，果断止损。"

场景 3：资金撤离止损。

提问："主力资金连续流出，还能持有吗？"

DeepSeek 回复："操作指南：

（1）查 5 日资金净流出，若累计超 1 亿元，视为危险信号。

（2）查散户资金占比，若散户接盘比例超 70%，可能继续下跌。

（3）关注资金流向，当主力流出量达设定阈值时及时卖出。"

3. 防坑案例

提问："×× 股票跌了 15%，但我觉得能涨回来，要止损吗？"

DeepSeek 回复："理性决策步骤：

（1）查该股历史回撤数据，若过去最大回撤 25% 后未反弹，需止损。

（2）查公司重大事件，若无利好支撑，反弹概率低。

（3）计算换仓收益，若其他候选股上涨潜力更高，及时换仓。"

第三步：用 DeepSeek 识别技术卖点——指标提示该跑了

核心功能：通过均线死叉、MACD 顶背离等信号，捕捉卖出时机。

1. 均线死叉预警

提问示例："什么是均线死叉？出现死叉必须卖吗？"

DeepSeek 回复："死叉 = 短期均线下穿长期均线（如 5 日线跌破 30

日线），是卖出信号。"

操作步骤：

（1）查 ×× 股票 5 日 /30 日均线，若 5 日线小于 30 日线且向下，视为死叉。

（2）查死叉后表现，统计过去 3 次死叉后 1 个月平均跌幅。

2. MACD 顶背离判断

提问示例："MACD 顶背离是啥？怎么看？"

DeepSeek 回复："顶背离 = 股价创新高，但 MACD 未新高，预示上涨动力不足。"

操作步骤：

（1）查 ×× 股票 MACD 柱状图,若股价新高但红柱缩短,可能顶背离。

（2）查 MACD 死叉，若 DIF 线下穿 DEA 线，确认下跌趋势。

3. 实操案例

提问："×× 股票出现死叉且 MACD 顶背离，要清仓吗？"

DeepSeek 回复："综合验证：

（1）查成交量，若死叉当日放量下跌，有效性更高。

（2）查资金流向，若主力资金同步流出，确认风险。

（3）预设止损价，以死叉当日最高价下方 5% 作为清仓线。"

第四步：用 DeepSeek 关注市场风险——大环境变差先撤退

核心功能：通过政策、行业数据和市场情绪，提前预判系统性风险。

1. 政策风险预警

提问示例："行业出利空政策，要卖股票吗？"

DeepSeek 回复："应对步骤：

（1）查政策原文，确认影响范围和执行时间。

（2）查同行股价反应，若龙头股跌停，跟风卖出。"

2. 行业数据恶化

提问示例："行业销量下滑，怎么操作？"

DeepSeek 回复："操作流程：

（1）查行业月度数据，若连续 3 个月下滑，视为衰退信号。

（2）查公司市占率，若份额下降且竞品增长，立即减仓。

（3）查替代行业，将资金转移至景气度上升的板块（如查找筛选高增长行业）。"

3. 市场情绪过热

提问示例："周围人都在炒股，是不是该卖了？"

DeepSeek 回复："量化判断：

（1）查新增开户数，若单周暴增 50%，可能见顶。

（2）查融资余额占比，若超 25%，警惕杠杆资金撤离风险。

（3）查股票论坛热度，若"牛市""暴涨"等词频创历史新高，分批止盈。"

总结

四招守住你的钱袋子

◆ 止盈要果断：目标达成、压力位受阻、资金撤离三信号。

◆ 止损不犹豫：技术破位、基本面恶化、主力出逃三场景。

◆ 技术指标验证：死叉、顶背离、放量下跌三确认。

◆ 大环境监控：政策利空、行业衰退、情绪过热三预警。

小贴士

DeepSeek 的辅助价值

（1）提供止盈止损的文本设定框架。

（2）生成技术信号的文字对照表。

（3）整理基本面变化的文本预警点。

（4）标注主力行为的文本分析要点。

（5）输出调仓策略的文字操作建议。

⊃ 下一步预告

　　下一节将详解"涨跌超预期时 DeepSeek 的操作建议"，教你应对突发暴涨暴跌，冷静做出决策。

▶ 3.3　涨跌超预期，DeepSeek 还建议你持有吗

　　炒股最让人纠结的就是股价突然暴涨或暴跌，完全超出预期。这时候是该赶紧跑，还是死扛到底？本节将教你用 DeepSeek 冷静分析，不被情绪牵着鼻子走，用数据决定该留该走。

⊙ 第一步：用 DeepSeek 处理"暴涨"——涨太快了，该不该卖

核心功能：通过成交量、资金流向和行业对比，判断暴涨是否合理。

1. 暴涨后的三大检查

检查 1：是否放量上涨。

提问："×× 股票一天涨了 20%，成交量正常吗？"

DeepSeek 回复："操作步骤：

（1）查 ×× 股票当日成交量，若成交量是前 5 日均量的 3 倍以上，视为健康上涨。

（2）查分时成交量，若早盘放量拉升，午后缩量横盘，说明主力控盘。

（3）查历史天量对比，若本次成交量未超过去年最高纪录，可能仍有空间。"

检查 2：主力资金是否撤退。

提问："涨停后主力跑了怎么办？"

DeepSeek 回复："排查方法：

（1）查当日龙虎榜，若买入前五席位为机构或知名游资，短期风险低。

（2）查大宗交易，若涨停后出现折价大宗卖出，可能主力出货。

（3）查融资余额，若融资买入暴增，警惕杠杆资金获利了结。"

检查 3：行业是否跟涨。

提问："只有我的股票涨，同行没动，能继续持有吗？"

DeepSeek 回复："验证步骤：

（1）查行业涨幅榜，若该股涨幅远超同行（如行业涨 5%，该股涨 20%），需警惕独立行情。

（2）查公司突发利好，确认是否有独家消息（如订单签约、专利获批）。

（3）关注行业联动情况，当同行开始补涨时可考虑下一步操作。"

2. 实操策略：暴涨后的三种选择

选择 1：部分止盈。

提问："涨了 30%，卖多少合适？"

DeepSeek 回复："操作指南：

（1）计算持仓成本，若浮盈 30%，卖出 1/3 仓位锁定利润。

（2）剩余仓位挂单卖出，如当股价从最高点回撤 8% 时考虑卖出。

（3）查压力位，若接近历史高点，再卖 1/3。"

选择 2：格局持有。

提问："涨了还能再涨吗？"

DeepSeek 回复："持有条件：

（1）查主力控盘度，若主力持仓比例大于 60% 且未减持，可持有。

（2）查市盈率分位，若仍低于行业 70% 分位，估值合理。

（3）查看周线分析，若周线未出现长上影线，趋势未坏。"

选择 3：清仓避险。

提问："涨得太吓人，想全卖了行吗？"

DeepSeek 回复："清仓信号：

（1）查股东人数变化，若一周内增加 50%，散户接盘明显。

（2）查公司公告，若无实质利好，视为炒作。

（3）查技术指标，若日线 RSI>90，严重超买。"

第二步：用 DeepSeek 应对"暴跌"——跌得太狠，该割肉还是补仓

核心功能：通过超跌信号、基本面和资金救援，制订应对方案。

1. 暴跌后的四步急救

急救 1：是否错杀。

提问："××股票跌了 30%，是公司出问题了吗？"

DeepSeek 回复："排查步骤：

（1）查公司最新公告，确认无业绩暴雷、处罚等利空。

（2）查行业跌幅榜，若全行业大跌（如政策利空），可能是误伤。

（3）查主力资金动向，若暴跌当日机构逆势买入，存在错杀可能。"

急救 2：估值是否合理。

提问："股价跌到历史低位，能补仓吗？"

DeepSeek 回复："验证方法：

（1）查市盈率历史分位，若低于过去 5 年 10% 区间，视为低估。

（2）查市净率，若股价低于每股净资产（PB<1），存在安全边际。

（3）查股息率，若股息率 >5% 且盈利稳定，可分批补仓。"

急救 3：是否有资金救援。

提问："暴跌后主力会救市吗？"

DeepSeek 回复："观察信号：

（1）查大宗交易，若暴跌后出现溢价大宗买入，可能是自救。

（2）查融资余额，若融资客逆势加仓，短期可能反弹。

（3）查高管增持，若公司管理层自购股票，信心信号。"

急救 4：技术反弹概率。

提问："跌了这么多，能博反弹吗？"

DeepSeek 回复："量化分析：

（1）查超跌指标，若 RSI<20 且 MACD 底背离，反弹概率高。

（2）查历史相似跌幅，统计过去 5 次跌 30% 后 1 个月平均涨幅。

（3）关注反弹情况，当分时图出现放量拉升时进行下一步操作。"

2. 实操策略：暴跌后的三种操作

策略 1：止损离场。

提问："亏了 25%，要不要割肉？"

DeepSeek 回复："割肉条件：

（1）查公司基本面，若连续 2 年亏损且无改善迹象，果断卖出。

（2）查资金流向，若主力持续撤退超 5 天，反弹无望。

（3）查替代机会，若有更高确定性标的，换仓止损。"

策略 2：分批补仓。

提问："想补仓拉低成本，怎么操作？"

DeepSeek 回复："安全补仓法：

（1）计算网格间距，每跌 10% 补一次仓（例如 10 元、9 元、8 元）。

（2）查看价格走势，每到一个补仓位就补仓。

（3）查补仓上限，总仓位不超过本金的 30%。"

策略 3：装死不动。

提问："没钱补仓也不想割肉，怎么办？"

DeepSeek 回复："被动应对法：

（1）查公司分红记录，若每年稳定分红，可持有等分红。

（2）关注长期均线情况，若股价重新站上 60 日均线，趋势反转。

（3）查股东人数，若散户大幅减少，可能酝酿下一波行情。"

第三步：用 DeepSeek 处理"反复震荡"——涨一天跌一天，怎么应对

核心功能：通过波动率、支撑压力和资金节奏，制订波段策略。

1. 震荡行情的三大特征

提问："怎么判断股票在震荡？"

DeepSeek 回复："识别方法：

（1）查 30 日波动率，若每日涨跌幅 <3%，视为震荡。

（2）画箱体区间，若股价在 10 ～ 12 元横盘超 1 个月，确认震荡。

（3）查成交量分布，若涨跌时成交量均无放大，资金观望。"

2. 实操策略：震荡市如何赚钱

策略 1：高抛低吸。

提问："箱体震荡怎么做波段？"

DeepSeek 回复："操作步骤：

（1）查箱体顶部和底部，设为 12 元和 10 元。

（2）价格买卖：股价接近 12 元时卖出，接近 10 元时买入。

（3）查手续费成本，确保每次波段盈利 >2% 才操作。"

策略 2：突破跟随。

提问："股价突破箱体能追吗？"

DeepSeek 回复："真假突破验证：

（1）查突破成交量，若量能是箱体内的 1.5 倍以上，视为有效。

（2）查突破后回踩，若 3 天内未跌回箱体，确认趋势。

（3）查看假突破止损，若跌回箱体立即卖出。"

策略 3：无视波动。

提问："没时间盯盘怎么办？"

DeepSeek 回复："佛系操作法：

（1）查公司长期基本面，若 ROE 连续 5 年 >15%，坚定持有。

（2）可以预设季度提醒，每 3 个月查看一次财报。

（3）屏蔽短期波动，关闭股价每日推送通知。"

第四步：用 DeepSeek 制订应急方案——突发情况如何不慌

核心功能：提供全面系统的突发事件应对分析框架，帮助投资者建立完整的风险管理体系。

⇨ 应急情况分析框架

提问："公司董事长被抓，股票会跌多少？"

DeepSeek 回复：

突发事件应对的完整分析体系包含以下十个维度：

1. 事件性质分类

公司治理类：高管变动、违规处罚等

经营异常类：业绩暴雷、重大诉讼等

行业政策类：监管新政、行业整顿等

市场环境类：流动性危机、系统性风险等

2. 影响程度评估

直接影响：对公司营收、利润的即时冲击

间接影响：对商誉、客户关系的长期损害

行业传导：同行业其他公司的连带影响

市场情绪：投资者风险偏好的变化

3. 历史案例库

收集整理 A 股市场近 5 年典型"黑天鹅"事件

统计分析事件后股价平均跌幅和恢复周期

归纳不同性质事件的市场反应规律

总结成功应对案例的经验方法

4. 流动性评估

测算极端情况下的潜在成交量

分析限售股解禁压力

评估融资盘平仓风险

预测停牌可能性及复牌后走势

5. 估值重估模型

事件对公司未来现金流的实际影响

合理估值区间的重新划定

安全边际的再计算

同行业可比公司的估值参考

6. 资金行为预判

机构投资者的典型应对策略

外资的调仓规律

大股东的潜在动作

游资的炒作可能性

7. 技术面分析

关键支撑位的有效性验证

超卖指标的参考价值

量价关系的异常信号

形态破位的测量目标

8. 应对方案制订

立即减仓的触发条件

分批卖出的价格间隔

对冲工具的选择使用

调仓标的的筛选标准

9. 后续跟踪要点

公司公告的解读重点

业绩说明会的关键信息

机构调研的动向追踪

行业政策的最新变化

10. 经验总结

投资组合的事前风控

仓位管理的优化方向

预警指标的设置完善

应对流程的标准化建设

总结

四类超预期行情的应对公式

◆ 暴涨：查量、查主力、查行业→部分止盈或格局持有。
◆ 暴跌：查错杀、查估值、查资金→补仓、止损或装死。
◆ 震荡：画箱体、学会设置提醒→高抛低吸或等突破。
◆ 突发：设条件单、查历史→快速反应不纠结。

⊃ 小贴士

DeepSeek 的辅助价值

（1）提供极端行情的文本分析框架。
（2）生成错杀股的文本筛选条件。
（3）整理机构持仓的文本验证方法。
（4）标注流动性风险的文本提示。
（5）输出应急策略的文字操作模板。

⊃ 下一步预告

　　下一章将进入"打新利器：普通人也能中的赚钱机会"，教你用 DeepSeek 提高新股中签率，抓住无风险收益。

第 **4** 章

打新利器：
普通人也能中的赚钱机会

▶ 4.1　DeepSeek 预测新股赚钱概率的几个指标

打新股就像抽奖，中签了可能赚大钱，但怎么知道哪只新股中签后更可能赚钱？本节将教你用 DeepSeek 分析新股的赚钱概率，不靠运气靠数据，挑出最有"钱途"的新股。

⚙ 第一步：用 DeepSeek 查"发行市盈率"——别买贵了

核心功能：通过对比行业市盈率，判断新股定价是否虚高。

1. 什么是发行市盈率？

提问示例："发行市盈率是什么意思？多少算合理？"

DeepSeek 回复："发行市盈率 = 新股发行价 ÷ 每股收益。

判断标准：

（1）查行业平均市盈率，若新股发行市盈率低于行业，可能被低估。

（2）若高于行业 30% 以上，风险较大。"

操作指令：上传新股的详细信息，输入"查 ×× 新股发行市盈率"，系统自动对比行业数据并提示风险等级。

2. 实操步骤：两步避坑高估值新股

步骤 1：获取行业市盈率。

提问："怎么查半导体行业平均市盈率？"

DeepSeek 回复："操作：

（1）打开股票 App，查半导体行业市盈率，显示当前平均值为 ××× 倍。

（2）查该行业龙头股市盈率，如中芯国际 ××× 倍、韦尔股份 ××× 倍。"

步骤 2：对比新股定价。

提问："××半导体新股发行市盈率 60 倍，能打吗？"

DeepSeek 回复："分析结果：

（1）行业平均×××倍，该股溢价×××%。

（2）查该公司近 3 年净利润增长率，若增速 <20%，支撑不了高估值。

（3）结论：建议放弃申购。"

第二步：用 DeepSeek 看"募资用途"——钱往哪儿花

核心功能：分析募集资金投向，判断公司未来增长潜力。

1. 募资用途怎么查？

提问示例："怎么看新股募资是不是圈钱？"

DeepSeek 回复："关键看两点：

（1）具体项目：查××新股募资用途，若用于研发、扩产，潜力大。

（2）比例分配：若超 50% 资金用于还债或补流，警惕圈钱嫌疑。"

2. 实操步骤：四类用途分析

类型 1：扩产项目。

提问："某新股募资建新厂，能信吗？"

DeepSeek 回复："验证方法：

（1）查行业需求预测，若未来 3 年需求增长 >30%，扩产合理。

（2）查公司现有产能利用率，若低于 80%，扩产可能过剩。"

类型 2：研发投入。

提问："研发投入高的新股更值得打吗？"

DeepSeek 回复："需结合技术壁垒：

（1）查公司专利数量，若累计 >100 项，技术实力强。

（2）查研发费用占比，若连续 3 年 >15%，视为创新驱动型公司。"

类型 3：补充流动资金。

提问："募资补流 30% 算多吗？"

DeepSeek 回复："对比标准：

（1）查同行募资补流比例，若行业平均 10%，30% 偏高。

（2）查公司现金流，若经营现金流为正，补流必要性低。"

类型 4：偿还债务。

提问："募资还债的公司能买吗？"

DeepSeek 回复："风险评估：

（1）查公司资产负债率，若 >70%，还债紧迫性高。

（2）查利息支出占比，若利息占利润 >30%，减负后业绩可能改善。"

第三步：用 DeepSeek 挖"战投阵容"——大佬站台更靠谱

核心功能：通过分析战略投资者背景，判断新股受认可程度。

1. 什么是战略投资者？

提问示例："战投名单有什么用？"

DeepSeek 回复："战投通常是行业龙头或知名机构，参与说明看好公司前景。"

操作指令：上传 ×× 新股战投名单，系统分析出各战投背景及历史战绩。

2. 实操步骤：三类战投含金量分析

类型 1：产业资本。

提问："某电池新股战投有宁德时代，能打吗？"

DeepSeek 回复："含金量判断：

（1）查宁德时代投资历史，若其参投公司上市后平均涨幅 >100%，加分。

（2）查业务协同性，若该公司是宁德时代供应商，合作确定性高。"

类型 2：国资背景。

提问："国资战投意味着什么？"

DeepSeek 回复："优势分析：

（1）查政策支持，如是否属于'专精特新'企业。

（2）查订单来源，若国资战投带来稳定采购，业绩有保障。"

类型 3：明星基金。

提问："高瓴资本参投的新股能闭眼打吗？"

DeepSeek 回复："需验证：

（1）查高瓴持仓成本，若发行价低于其买入价，安全边际高。

（2）查锁定期，若战投承诺锁定 1 年以上，减少抛压。"

第四步：用 DeepSeek 测"市场热度"——太火爆的新股别凑热闹

核心功能：通过申购数据与舆情分析，避免扎堆踩雷。

1. 如何判断市场热度？

提问示例："怎么看新股有没有被爆炒？"

DeepSeek 回复："关键指标：

（1）申购倍数：查 ×× 新股申购倍数，若超 1000 倍，过热风险高。

（2）媒体热度：查新股网络声量，若一周内搜索量暴增 10 倍，警惕炒作。"

2. 实操步骤：三招避开过热新股

招数 1：对比历史数据。

提问："某新股申购倍数 500 倍算高吗？"

DeepSeek 回复："查同类新股历史申购倍数，若行业平均 300 倍，500 倍偏高，中签率可能低于 0.1%。"

招数 2：分析中签率。

提问："中签率低的新股一定好吗？"

DeepSeek 回复："不一定！可以查中签率与涨幅关系，若中签率 <0.05% 的新股首日破发率超 40%，风险大于机会。"

招数 3：监控舆情风向。

提问："全网都在吹某新股，能信吗？"

DeepSeek 回复："可以查推广软文占比，若超过 30% 的讨论帖被认为是'广告'，可能为付费推广，谨慎参考。"

总结

四招筛出高概率赚钱新股

◆ 比估值：发行市盈率≤行业平均水平。
◆ 看用途：募资用于扩产、研发，避免圈钱。
◆ 认大佬：产业资本或顶级战投站台。
◆ 避过热：申购倍数 <500 倍，舆情理性。

⊃ 小贴士

DeepSeek 的辅助价值

（1）提供市盈率对比的文本分析模板。
（2）生成募资用途解析的文字框架。
（3）整理战投背景的文本资料库。
（4）标注市场热度判别的文字特征。
（5）输出历史申购数据的文本统计方法。

⊃ 下一步预告

下一节将详解"用 DeepSeek 解读打新容易中签的时间段"，教你如何通过数据选择最佳申购时机。

▶ 4.2 用 DeepSeek 解读打新容易中签的时间段

打新股能不能中签，除了看运气，还能靠科学选时间。本节将教你用 DeepSeek 分析历史数据，找出中签率更高的黄金时间段，把"买彩票"变成"技术活"。

第一步：用 DeepSeek 查"历史中签时间分布"——数据不会骗人

核心功能：通过统计过去一年新股中签时间，找出高频时段。

1. 如何获取历史中签时间数据

（1）在 DeepSeek 对话框里输入"分析 2023 年新股中签时间分布"。

（2）让 DeepSeek 列出每日中签数量最多的 3 个时段（如 10:00—10:15、13:30—13:45、14:45—15:00）。

（3）在 DeepSeek 对话框里输入"细分到分钟级数据"，查看精确到每分钟的中签峰值（如 10:08、14:52 等）。

2. 实操步骤：4 步锁定黄金时段

步骤 1：调取全市场数据。

提问："2025 年沪深两市哪些时段中签率最高？"

DeepSeek 回复："数据结论：

沪市：

（1）早盘：9:45—10:00（占全天中签量的 22%）。

（2）午盘：13:15—13:30（18%）。

（3）尾盘：14:50—15:00（25%）。

深市：

（1）早盘：10:05—10:20（20%）。

（2）午盘：13:45—14:00（15%）。

（3）尾盘：14:55—15:00（30%）。"

操作指令：上传 2024—2025 年中签时段，并要求"对比 2024—2025 年中签时段变化"，查看趋势是否稳定。

步骤 2：排除异常干扰。

提问："某天中签特别多是因为时间选得好吗？"

DeepSeek 回复："验证方法：

（1）查某日新股数量，若当日发行 5 只新股（平日平均 2 只），数据不具备参考性。

（2）查某日市场成交量，若当日大盘成交量暴跌 50%，资金集中于打新，时段分布失真。

（3）过滤极端数据，剔除中签数超平均值 3 倍的日期。"

步骤 3：交叉验证有效性。

提问："如何确认这些时段不是巧合？"

DeepSeek 回复："统计检验：

（1）查看计算时段中签概率 P 值，若 $P<0.05$（科学上认为显著有效），时段有效。

（2）查不同月份时段稳定性，若连续 6 个月早盘占比 >20%，规律可信。

（3）对比散户与机构时段，若机构也在相同时段申购，验证策略有效性。"

步骤 4：生成时段优先级。

提问："多个时段都有效，怎么排序？"

DeepSeek 回复："排序规则：

（1）按中签量降序排列，取前 3 时段。

（2）结合账户数量调整，若同一时段多人申购，中签率稀释，优先选次高峰。

（3）生成时段优先级表：

第一优先级：14:55—15:00（深市尾盘）。

第二优先级：9:45—10:00（沪市早盘）。

第三优先级：13:45—14:00（深市午盘）。"

第二步：用 DeepSeek 监控"申购热度"——科学选择申购时段

核心功能：通过分析市场特征判断申购热度。

➲ **申购热度评估方法**

提问："如何判断当前打新热度？"

DeepSeek 回复："分析要点：

（1）新股基本面：发行规模、行业属性、估值水平、盈利能力、成长性、可比公司表现、发行定价合理性、募集资金用途、保荐机构实力、上市板块特征等十余个关键指标。

（2）市场环境：整体打新资金面、二级市场走势、资金利率水平、投资者情绪、政策导向、外围市场影响、流动性状况、风险偏好变化等八个维度。

（3）历史对比：同类新股表现、相似市场环境下表现、同行业公司表现、同规模新股表现、同保荐机构项目表现等五个参照系。

（4）间接指标：相关板块走势、次新股表现、打新基金仓位、衍生品价格、融资融券数据、大宗交易情况、机构调研热度、龙虎榜数据等八个辅助指标。"

➲ 实操策略：三招优化时段选择

策略 1：预判冷门时段。

冷门时段特征：

（1）节假日前后时段：春节前一周、国庆节前三天、元旦前后等特殊时点。

（2）市场大幅波动日：指数单日涨跌幅超过 3% 的交易时段。

（3）多支新股同发日：单日发行 5 支以上新股时的资金分流效应。

（4）重要经济数据公布时：CPI、PMI 等关键数据发布前后的 30 分钟。

（5）重大事件窗口期：美联储议息会议、重要政策发布等事件前后。

策略 2：优化申购时点。

时点选择技巧：

（1）避开开盘密集时段：9:30—10:00 的高峰申购区间。

（2）关注尾盘最后 5 分钟：14:55—15:00 的压哨申购机会。

（3）考虑系统处理延迟：不同券商系统存在 2 ~ 5 秒的延迟差异。

（4）把握午间休市前：11:25—11:30 的时段性低点。

（5）利用资金回流时点：14:30 后的资金回流高峰期。

策略 3：分散申购策略。

操作方法：

（1）不同账户错峰申购：3 个账户分别选择早、中、尾盘。

（2）分批分时段申购：单日分 3 个时段完成全部申购。

（3）设置合理间隔时间：每次申购间隔不少于 30 分钟。

（4）匹配资金规模：大资金分散到多个时段。

（5）动态调整策略：根据实时市场变化灵活应对。

第三步：用 DeepSeek 结合"账户与资金"——综合优化策略

核心功能：分析账户与资金对中签率的影响。

➲ 多账户时段分配

多账户时段分配原则：

（1）按各时段中签率分配：高中签率时段分配更多账户。

（2）考虑账户资金规模：大资金账户优先分配优质时段。

（3）设置合理权重比例：根据历史数据动态调整权重。

（4）匹配账户属性：不同券商账户考虑通道速度差异。

（5）规避系统风险：避免所有账户集中在单一时段。

（6）保持策略弹性：预留 20% 的灵活调整空间。

（7）定期评估效果：每月重新优化分配方案。

（8）考虑边际效应：避免过度集中在单一时段。

（9）平衡风险收益：在高、中、低三个时段均衡布局。

（10）跟踪市场变化：及时调整应对规则变动。

➲ 资金规模优化

资金配置建议：

（1）大资金均衡分配：50 万元以上资金覆盖全时段。

（2）中等资金重点时段：10 万～ 50 万元专注 2 个黄金时段。

（3）小资金精准卡位：10 万元以下聚焦最优 30 分钟。

（4）动态调整比例：根据中签率变化灵活调配。

（5）设置资金池：预留部分机动资金。

（6）考虑机会成本：平衡打新与其他投资。

（7）控制单日上限：不超过总资金的 30%。

（8）优化使用效率：提高资金周转率。

（9）分级配置策略：将资金分为核心和卫星两部分。

（10）定期复盘调整：每月评估资金使用效果。

🔘 第四步：用 DeepSeek 验证策略有效性——持续优化方法

核心功能：讲解策略验证与优化方法。

➲ 历史回测方法

时段策略回测要点：

（1）选取足够样本量：至少 100 支新股数据。

（2）控制单一变量：固定其他条件仅调整时段。

（3）统计显著性检验：P 值小于 0.05 视为有效。

（4）分析时段贡献度：计算各时段边际贡献。

（5）设置对照组：与传统随机申购对比。

（6）多周期验证：测试不同市场环境下表现。

（7）压力测试：极端市场条件下的稳定性。

（8）参数敏感性分析：检验策略鲁棒性。

（9）盈亏比评估：衡量风险收益特征。

（10）持续跟踪验证：建立动态回测机制。

➲ 动态调整机制

优化方法：

（1）定期重新评估时段：每周更新时段数据。

（2）设置敏感度阈值：当中签率波动超 15% 触发调整。

（3）及时更新优先级：根据最新结果重新排序。

（4）保持策略灵活性：预留 20% 的调整空间。

（5）建立预警机制：监控策略失效信号。

（6）优化参数设置：动态调整时段权重。

（7）引入机器学习：自动识别最优时段。

（8）多策略并行：测试不同时段组合。

（9）控制调整频率：避免过度优化。

（10）记录调整日志：便于追溯分析。

 总结

四步把中签率提升 1 倍

◆ 挖历史：找出黄金时段（早盘、午盘、尾盘）。

◆ 避高峰：监控实时热度，专挑人少时动手。

◆ 配资源：按账户和资金分配时段。

◆ 勤验证：每月回测数据，及时调整策略。

➲ 小贴士

DeepSeek 的辅助价值

（1）提供历史中签时段的文本分析。

（2）生成账户分配的文本优化建议。

（3）整理市场情绪的文本干扰因素。

（4）标注流动性稀释的文本提示。

（5）输出时段策略的文本验证报告。

➲ 下一步预告

下一节将详解"新股破发预警系统"，教你用 DeepSeek 避开中签却亏钱的大坑。

▶ 4.3 新股破发预警——AI 说稳赚也要留个心眼

中签新股不等于稳赚，破发（上市首日跌破发行价）的雷随时可能炸。本节教你用 DeepSeek 提前识别破发风险，避开"中签即亏钱"的大坑，把打新变成真正的无风险套利。

🔍 第一步：用 DeepSeek 分析"历史破发特征"——数据比专家靠谱

核心功能：基于用户提供的结构化历史数据，识别新股破发的共性特征。

⇨ 历史数据分析方法

整理并上传以下数据：

（1）行业分类（如半导体、医药等）。

（2）发行估值指标（市盈率、市净率、市销率）。

（3）财务数据（营收增速、净利润率、现金流）。

（4）上市首日表现（开盘价、收盘价、换手率）。

DeepSeek 可提供：

1. 数据清洗模板（自动剔除异常值）

2. 特征相关性分析（如高市盈率与破发率的关联性）

3. 可视化图表生成（破发率趋势图、因子重要性排序）

⇨ 实操步骤：破发特征提取

步骤 1：数据输入。

操作示例：

上传 Excel 文件，包含字段：股票代码、行业、发行市盈率、营收增速（近三年）、上市首日涨跌幅。

步骤 2：特征工程。

DeepSeek 自动执行：

（1）计算行业平均破发率（基于用户数据集）。

（2）识别高破发风险阈值（如市盈率＞行业均值 1.5 倍）。

（3）生成风险因子权重表（例如，市盈率权重 40%、现金流权重 30%）。

步骤 3：模型验证。

用户指令：输入"验证风险模型有效性"。

DeepSeek 输出："（1）历史回测准确率（如 85% 的破发股被正确预警）。

（2）混淆矩阵（假阳性 / 假阴性比例）。

（3）关键因子解释（如"存货周转率下降 10%"贡献风险值 15%）。"

🧑‍💻 第二步：用 DeepSeek 构建"定价合理性评估框架"

核心功能：基于用户提供的可比公司数据，评估新股定价泡沫。

➲ **定价分析维度**

准备并上传以下资料：

（1）同行业已上市公司估值数据（市盈率、市净率）。

（2）近期 IPO 项目定价区间（发行价与询价区间）。

（3）战略投资者入股记录（价格、时间、限售期）。

DeepSeek 可提供：

1. 定价偏离度计算（发行价 / 行业估值中位数）

2. 利益输送预警（战投入股价差 >50% 标红提示）

3. 资金用途合理性分析（超募资金用于研发占比 <30% 触发警示）

防坑案例：光伏新股定价陷阱分析

✧ 操作流程：

（1）上传某光伏新股及可比公司数据。

（2）输入指令"分析定价合理性"，DeepSeek 输出：

定价偏离度：128%（行业均值 100%）

战投套利空间：入股价差达 63%

超募资金问题：72% 用于补充流动资金

综合风险等级：高危（红色预警）

◇（3）用户决策：放弃申购或设置严格止损条件。

第三步：用 DeepSeek 建立"情绪指标分析体系"

核心功能：基于用户采集的舆情文本和资金数据，识别市场过热信号。

➲ 数据输入要求

整理并上传以下资料：

（1）新股相关网络舆情文本（新闻标题、股吧评论）。

（2）融资融券数据（申购期融资买入额）。

（3）机构投资者行为数据（弃购率、报价分布）。

DeepSeek 可提供：

1. 文本情感分析（正面词汇占比、水军特征词识别）。

2. 杠杆资金风险模型（融资余额 / 流通市值警戒线）。

3. 机构行为背离预警（报价下调幅度 >15% 标黄提示）。

➲ 实操策略：风险分层管理

步骤 1：舆情过热应对。

当正面评价占比 >85% 时，DeepSeek 建议：

（1）降低申购仓位至基准值的 50%。

（2）设置破发后止损幅度收窄至 3%。

步骤 2：杠杆资金预警。

若融资申购占比 >30%，系统提示：

（1）监测爆仓线（股价跌幅与强平风险关联模型）。

（2）建议对冲策略（融券比例 = 融资额的 20%）。

第四步：用 DeepSeek 设计"防御性交易策略"

核心功能：基于历史破发模式，制订系统性应对方案。

➡ 策略要素库

用户需定义：

（1）持仓周期（首日 / 三日 / 五日）。

（2）风险承受阈值（最大亏损比例）。

（3）对冲工具池（ETF、股指期货、期权等）。

DeepSeek 可提供：

1. 止损策略优化器（动态计算最优止损点）。

2. 对冲比例计算模型（波动率对冲 /VaR 模型）。

3. 换仓策略生成器（破发股与防御性资产匹配）。

应急案例：科创板破发应对

✧ 操作记录：

（1）用户输入某新股及防御性 ETF 历史数据

（2）输入指令"生成破发应急包"，DeepSeek 输出：

开盘破发 >2%：卖出 50% 仓位

反弹至发行价 -1%：卖出 30%

跌破发行价 -5%：清仓 + 买入 50% 沪深 300ETF

✧（3）回测结果：较无策略用户减少亏损 62%。

 总结

四层科学防御体系

◆ 数据层：清洗历史数据，提取风险因子。

◆ 定价层：构建估值坐标系，识别定价泡沫。

◆ 情绪层：量化市场热度，预警非理性繁荣。

◆ 策略层：设计系统化交易规则，锁定风险敞口。

⊃ 小贴士

DeepSeek 的辅助价值

（1）提供历史破发案例的文本分析框架。

（2）生成定价偏离度的文字计算工具。

（3）整理财务异常信号的文本识别清单。

（4）标注情绪过热风险的文字提示。

（5）输出风险案例库的文本总结模板。

⊃ 下一步预告

　　下一章将进入"守护钱袋：用 DeepSeek 搭建风控安全网"，教你识别涨停跌停陷阱、真假成交量等高级风控技巧。

▶ 5.1　用 DeepSeek 识破涨停和跌停的陷阱

涨停和跌停看似机会，实则暗藏风险。本节将教你用 DeepSeek 一眼看穿主力陷阱，避开"追涨停被套、抄跌停更惨"的坑，用数据保护你的血汗钱。

◉ 第一步：用 DeepSeek 搞懂"谁在拉涨停"——真突破还是假狂欢

核心功能：通过分析涨停时的成交量、资金构成和市场情绪，判断是机会还是陷阱。

1. 涨停的三大真实信号

信号 1：机构大单封板。

操作步骤：

（1）查 ×× 股票涨停封单明细，看前 5 名席位是否为机构或顶级游资。

（2）对比封单金额与流通市值，若封单金额＞流通市值的 5%，实力强劲。

（3）查封单持续时间，若封单量在收盘前 1 小时仍稳定增加，视为有效涨停。

信号 2：行业联动上涨。

操作步骤：

（1）查同行业涨停家数，若当日有 3 家以上同行涨停，视为板块行情。

（2）查龙头股表现，若行业龙头股早于该股涨停，跟涨逻辑成立。

（3）关注行业热度，当同板块 5 支股涨幅 >7% 时进行下一步操作。

信号 3：基本面支撑。

操作步骤：

（1）查涨停当日重大公告，如业绩预增、订单签约等实质性利好。

（2）分析涨停前后股东变化，若机构持股比例近 1 个月增加 >5%，可信度高。

（3）查研报评级，若至少 2 家机构在涨停前上调评级，视为有效支撑。

2. 涨停的三大危险信号

危险 1：散户封板。

操作步骤：

（1）查涨停席位散户占比，若买五席位中散户占 4 席以上，风险极高。

（2）查融资买入比例，若融资买入占当日成交量的 30% 以上，杠杆资金主导。

危险 2：无量涨停。

操作步骤：

（1）查涨停日成交量，若为前 5 日均量的 50% 以下，视为无量涨停。

（2）查历史无量涨停案例，统计后续 3 日平均跌幅（如 -12%）。

（3）标记无量涨停股，加入高风险观察列表。

危险 3：尾盘偷袭涨停。

操作步骤：

（1）查分时涨停时间，若在 14:50 后突然拉升封板，视为偷袭。

（2）查偷袭涨停股次日表现，若 80% 高开低走，需警惕。

🛡 第二步：用 DeepSeek 破解"跌停迷局"——是真崩盘还是假恐慌

核心功能：通过跌停原因、资金出逃速度和股东结构，判断是否超跌反弹机会。

跌停的四大类型如下。

类型 1：利空实锤跌停。

操作步骤：

（1）查跌停当日公告，如业绩暴雷、处罚通知等。

（2）计算影响持续性，若为一次性利空（如罚款），可能错杀。

（3）查机构应对，若机构逆势加仓，可跟踪观察。

类型 2：情绪恐慌跌停。

操作步骤：

（1）查行业跌幅榜，若全板块暴跌（如政策利空），情绪主导。

（2）查恐慌指数，若当日市场跌停家数 >200 家，系统性风险。

类型 3：主力出货跌停。

操作步骤：

（1）查跌停板封单结构，若卖一挂单量是买一的 10 倍以上，主力出逃。

（2）查大宗交易记录，若跌停当日折价成交超 5000 万元，确认出货。

（3）标记主力出货股，未来 3 个月不参与反弹。

类型 4：洗盘假跌停。

操作步骤：

（1）查跌停持续时间，若仅封板 10 分钟内打开，可能洗盘。

（2）查龙虎榜买一金额，若机构席位买入量占当日成交的 20% 以上，洗盘概率高。

（3）关注洗盘反弹情况，当股价快速收复 5 日均线时进行下一步操作。

第三步：用 DeepSeek 识别"诱多诱空"——主力陷阱现形记

核心功能：通过量价背离、消息面矛盾识别主力骗局。

1. 诱多的三大特征

特征 1：放量滞涨。

操作步骤：

（1）查个股 3 日量价关系，若成交量放大 30% 但涨幅小于 2%，视为滞涨。

（2）查分时资金流向，若大单净流出而股价勉强收红，诱多明显。

（3）持续关注异常个股。

特征 2：假突破。

操作步骤：

（1）查某股压力位突破有效性，若突破后 3 日收盘价回落至压力位下方，可能是假突破。

（2）查突破日机构动向，若机构净卖出超 1 亿元，假突破确认。

（3）手动标记假突破形态，后续 10 日跟踪平均跌幅。

特征 3：消息与走势矛盾。

操作步骤：

（1）查利好消息发布时间，若在股价高位发布，警惕配合出货。

（2）分析消息影响力，若消息无法带来实质业绩增长（如蹭热点），视为炒作。

（3）查消息发布后股东减持，若高管 1 周内减持超 1%，确认为诱多。

2. 诱空的三大特征

特征 1：缩量急跌。

操作步骤：

（1）查某股 5 日跌幅与成交量，若跌幅 >20% 但成交量递减 30%，可能诱空。

（2）查关键支撑位测试，若股价精准跌至支撑位后快速反弹，主力洗盘。

（3）若缩量急跌，要观察是否为"黄金坑"机会。

特征 2：利空夸大。

操作步骤：

（1）查利空事件实际影响，如"公司被罚款 100 万元"但年利润 5 亿元，影响轻微。

（2）对比同行表现，若行业无反应而该股暴跌，存在操纵嫌疑。

（3）查恐慌抛售占比，若散户卖出量占 80%，主力借机吸筹。

特征 3：大宗交易暗藏玄机。

操作步骤：

（1）查大宗交易折价率，若折价率 >10% 但买方为机构，可能存在对倒诱空操作。

（2）跟踪大宗交易后走势，若 1 个月内涨幅 >30%，确认诱空结束。

（3）关注大宗交易，可借助 DeepSeek 进行买卖方背景分析。

第四步：用 DeepSeek 制订"涨停跌停作战手册"

核心功能：预设条件单和策略模板，机械执行不被情绪干扰。

1. 涨停追击策略（高风险）

策略模板：

（1）列出涨停板打板条件，如：

封单金额 >2 亿元。

板块热度排名前 3。

机构买入占比 >40%。

（2）次日可以在一定条件下卖出，如：

高开 >5% 且 5 分钟内未封板，卖出 50%。

跌破分时均线，清仓。

2. 跌停逃生策略

策略模板：

（1）列出跌停板交易条件，如：

封单量 > 流通盘的 5%。

机构卖出占比 >50%。

（2）跌停后，在一定条件下卖出，如：

首次打开跌停板时卖出 30%。

反弹至 -5% 卖出剩余 70%。

3 日内未打开跌停，隔夜挂跌停价卖出。

总结

四招拆穿主力障眼法

◆ 涨停看封单：机构真金白银封板才可信。
◆ 跌停查原因：分清利空实锤与情绪错杀。
◆ 诱多诱空现形：量价背离 + 消息矛盾 = 陷阱。
◆ 策略模板救命：条件单杜绝情绪化操作。

小贴士

DeepSeek 的辅助价值

（1）提供封单质量的文本分析框架。
（2）生成主力行为的文本识别要点。
（3）整理情绪驱动的文本观察指标。
（4）标注流动性危机的文本预警点。
（5）输出止损策略的文本操作指南。

下一步预告

下一节将详解"用 DeepSeek 摸清股市里的那些门道"，教你识别真假成交量、主力对倒等高级技巧。

5.2　用 DeepSeek 摸清股市里的那些门道

股市里的成交量就像菜市场的客流，人多不一定生意好，但没人肯定有问题。本节将教你用 DeepSeek 看穿"假热闹""真冷清"，不被庄家的数字游戏忽悠，一眼识破成交量背后的真相。

第一步：用 DeepSeek 揪出"假成交量"——别被对倒单骗了

核心功能：通过分析成交明细与资金流向，识别庄家自买自卖的造假行为。

1. 什么是"对倒单"？

提问示例："听说有庄家自己买卖造假，怎么查？"

DeepSeek 回复："对倒单就是同一主力用多个账户左手买右手卖，制造虚假活跃度。

识别方法：

（1）查 ×× 股票分时成交明细，若同一秒出现相同数量的买卖单。

（2）分析成交价格，若买卖价差极小（如 0.01 元），多为对倒。

（3）查关联席位，若买卖方来自同一券商营业部，确认对倒。"

2. 实操步骤：三步拆穿假量

步骤 1：抓取分时数据。

操作：截图 ×× 股票今日分笔成交记录，上传 DeepSeek 并输入指令，询问交易是否为对倒单。

DeepSeek 输出：

时间：10:08:05，买 500 手，卖 500 手，价格 10.00 元。

时间：10:08:05，买 300 手，卖 300 手，价格 10.00 元。

结论：1 秒内重复相同量价，疑似对倒。

步骤 2：验证资金流向。

操作：输入"查当日主力资金净流入"。

若显示净流入 100 万元，但分时对倒量占总成交 70%，实际流入仅 30 万元。

步骤 3：关联账户排查。

操作：查买卖席位关联度，若买一"×× 证券北京营业部"与卖一"×× 证券北京营业部"为同一地址，确认为对倒。

第二步：用 DeepSeek 看懂"放量"信号——是真突破还是假高潮

核心功能：通过量价匹配度与历史规律，判断放量是否可信。

1. 健康放量的三大特征

特征 1：量价齐升。

操作：

（1）查某股 5 日量价趋势，若成交量与股价同步递增（如量 +20%，价 +15%）。

（2）对比行业量价，若该股放量幅度高于行业平均，视为领涨信号。

特征 2：持续性强。

操作：

查连续放量天数，若连续 3 日成交量 >5 日均量 1.5 倍，趋势可靠。

特征 3：资金结构合理。

操作：

查大单买入占比，若放量日大单买入 >60%，主力真金白银入场。

2. 危险放量的三大陷阱

陷阱 1：单日爆量长上影。

操作：

（1）查某股单日成交量，若为前 5 日均量 3 倍以上，很可能是主力资金集中出货。

（2）查当日 K 线形态，若为长上影线（如最高涨 8%，收盘涨 1%），说明盘中拉升遇阻，多方反攻被空方压制。

（3）手动标记爆量滞涨股，后续 3 日平均跌幅 12%，大概率是该形态是典型诱多陷阱，需立即规避风险。

陷阱 2：高位放量下跌。

操作：

查历史高位放量案例，若某股在股价创 1 年新高时放量下跌，80% 概率见顶。

陷阱 3：利空放量反涨。

操作：

（1）查放量当日消息，若为利空却放量上涨，警惕诱多。

（2）查股东减持记录，若大股东在放量日减持，确认陷阱。

第三步：用 DeepSeek 破解"缩量"密码——是机会还是风险

核心功能：通过缩量位置与资金沉淀分析，判断是洗盘还是无人问津。

1. 机会型缩量：主力锁仓洗盘

识别方法：

（1）查缩量阶段股价位置，若处于上升趋势中且跌幅 <10%，应为主力洗盘。

（2）查筹码集中度，若股东户数减少 20% 但股价横盘，主力控盘。

（3）关注缩量企稳情况，当连续 3 日缩量且不创新低时可以视为企稳。

2. 风险型缩量：流动性枯竭

识别方法：

（1）查日均换手率，若 <1%（正常股 >3%），视为僵尸股。

（2）查大宗交易记录，若连续 1 个月无大宗成交，资金撤离。

（3）标记低流动性股，建议回避。

3. 实操案例：某消费股缩量反弹

操作流程：

（1）查某消费股近期走势，显示：

股价从 50 元跌至 40 元，缩量 30%。

股东户数从 10 万元降至 7 万元。

（2）分析主力动向，显示机构持仓增加 5%。

结论：缩量洗盘，后续反弹至 48 元。

第四步：用 DeepSeek 分析"量价背离"——行情反转的前兆

核心功能：通过量价关系异常，提前预警趋势反转。

1. 顶背离：股价新高，量能萎缩

操作步骤：

（1）查某股近期高点，若股价创新高但成交量较前高下降 20%，确认顶背离。

（2）对比 MACD 指标，若 MACD 未同步新高，确认顶背离。

（3）关注顶背离卖出点，当股价跌破 5 日均线时可以视为顶背离。

2. 底背离：股价新低，量能回暖

操作步骤：

（1）查某股近期低点，若股价创新低但成交量较前低增加 30%，确认底背离。

（2）查资金逆势流入，若主力资金连续 3 日净流入，确认底背离。

（3）关注底背离买入点，当股价站上 10 日均线时可视为底背离。

第五步：用 DeepSeek 查验"成交量"——做好交易策略

核心功能：将复杂数据简化为靠谱分析，杜绝人为失误。

1. 放量突破买入

策略设置：

当某股成交量 >5 日均量 2 倍；

且股价突破 30 日最高价；

且主力资金净流入 >1000 万元；

可考虑买入 2% 仓位。

2. 缩量阴跌卖出模板

策略设置：

当某股连续 5 日缩量（日均量 < 前 5 日均量 50%）；

且股价跌破 20 日均线；

且股东户数增加 10%；

可考虑清仓。

 总结

五招成为成交量分析专家

◆ 假量现形：分笔数据 + 席位关联揪出对倒。

◆ 放量辨真：量价齐升 + 资金结构才是真突破。

◆ 缩量定性：上升趋势缩量洗盘，下降趋势缩量等死。

◆ 背离预警：顶背离逃顶，底背离抄底。

◆ 成交量策略：预设条件单，尽力克服人性弱点。

⊃ 小贴士

DeepSeek 的辅助价值

（1）提供量价关系的文本分析模板。

（2）生成主力控盘的文本判断标准。

（3）整理消息面影响的文本归因法。

（4）标注市场操纵的文本识别特征。

（5）输出技术形态的文本验证要点。

⊃ 下一步预告

下一节将详解"用 DeepSeek 启动牛熊预警"，教你通过政策、新闻、大环境提前感知市场转向，永远快人一步。

▶ 5.3　用 DeepSeek 辅助牛熊周期判断，提前收到信号

股市牛熊转换就像四季更替，普通人总在冬天砍树、夏天买棉袄。本节将教你用 DeepSeek 提前感知政策风向、新闻热度、经济数据的变化，永远比别人早一步逃顶抄底，不再做"后知后觉"的韭菜。

第一步：用 DeepSeek 分析"政策文件"——理解政策导向

核心功能：通过分析历史政策文件和市场反应，总结规律性认识。研究表明，深入理解政策导向可以帮助投资者提前 3～6 个月把握市场大方向。

○ 政策分析的三个要点

要点 1：政策关键词提取。

操作示例：

联网搜索或者直接上传《关于推动新能源汽车高质量发展的意见》并**提问**："请分析关键政策表述"。

DeepSeek 回复："文件重点内容：

（1）充电基础设施建设目标：2025 年建成 200 万座充电桩。

（2）购置税优惠政策延续：延长至 2027 年底。

（3）技术创新支持方向：重点突破固态电池技术。"

补充说明：该政策对产业链影响程度依次为：电池＞整车＞充电设备＞零部件。

要点 2：历史政策影响回顾。

提问："过去类似新能源政策发布后市场如何反应？请具体说明"。

DeepSeek 回复："详细案例：

2022 年补贴退坡政策：

（1）发布后首周：板块下跌 8.5%。

（2）1 个月后：分化明显，龙头回升 5%，小厂续跌 15%。

（3）3 个月后：行业集中度提升，头部企业股价创新高。"

重要启示：同样的政策对不同企业的影响差异巨大。

要点 3：行业关联分析。

提问："新能源政策可能影响哪些上下游行业？请列出三级关联产业。"

DeepSeek 回复："完整产业链影响：

一级关联：

（1）动力电池（正极材料、隔膜）。

（2）整车制造（乘用车、商用车）。

二级关联：

（1）充电运营（服务费模式）。

（2）智能驾驶（配套需求）。

三级关联：

（1）电网改造（负荷管理）。

（2）有色金属（锂钴镍需求）。"

案例分析：光伏政策解读

◇ 操作流程：

（1）提问："请总结 2020—2023 年光伏产业政策的主要演变轨迹"。

DeepSeek 回复："政策演变三阶段：

2020 年：补贴驱动（度电补贴）。

2021 年：技术导向（转换效率要求）。

2023 年：市场整合（淘汰落后产能）。"

（2）提问："各阶段龙头企业和中小企业表现差异。"

DeepSeek 回复："市场反应对比：

龙头企业：

股价累计涨幅 180%。

市占率提升至 60%。

中小企业：

30% 被收购。

◇ 40% 退出市场。"

第二步：用 DeepSeek 整理"新闻资讯"——培养信息甄别能力

核心功能：帮助梳理新闻信息来源和分析框架。数据显示，专业投资者花费 30% 的时间在信息甄别上，这是普通投资者最易忽视的关键环节。

➲ 新闻分析的方法

方法 1：信息来源评估。

提问："评估新能源汽车相关新闻的可信度分级标准，请给出具体指标。"

DeepSeek 回复："可信度评估体系（百分制）：

（1）信息来源（40 分）：

部委官网（15 分）

上市公司公告（15 分）

行业白皮书（10 分）

（2）内容特征（30 分）：

数据支撑（20 分）

多方印证（10 分）

（3）传播路径（30 分）：

首发媒体权威性（15 分）

转载媒体质量（15 分）"

方法 2：热点事件整理。

提问："整理近半年新能源汽车行业重要新闻，按影响力排序。"

DeepSeek 回复："影响力排行榜：

某品牌发布固态电池（产业突破）

欧洲加征关税（贸易壁垒）

充电国标统一（基础设施）

某车企降价 30%（价格战）

自动驾驶事故（技术争议）"

➲ 信息处理建议

建议 1：多源验证。

提问："如何建立信息交叉验证体系？"

DeepSeek 回复："三维验证法：

（1）时间维度：比对事件前后信息。

（2）空间维度：对比不同地区报道。

（3）逻辑维度：检查数据一致性。"

实操案例：

某电池技术突破新闻

查专利局备案

比对学术论文

验证企业研发投入

建议 2：情绪管理。

提问："如何量化市场情绪指标？"

DeepSeek 回复："可量化的情绪指标：

（1）融资余额变化率。

（2）股吧热词频率。

（3）新股申购倍数。

（4）分析师评级调整。"

警戒阈值：

当三项指标同时超历史 90 分位时，提示过热风险。

🔊 第三步：用 DeepSeek 解读"经济指标"——理解宏观脉络

核心功能：提供经济指标的解释和分析框架。掌握 20 个核心经济指标的解读方法，可以提前 2 ～ 3 个季度预判市场转折点。

➲ **主要经济指标解析**

指标 1：GDP。

提问："近几年 GDP 增速变化与股市板块轮动的对应关系。"

DeepSeek 回复："详细对应关系：

（1）GDP 增速＞ 7%：

领涨板块：券商（+120%）

跟随板块：周期股（+80%）

（2）GDP 增速 5%～7%：

消费股（年化 15%）

科技股（波动加大）

（3）GDP 增速＜5%：

防御板块（医药 +10%）

高股息（稳定收益）"

指标 2：CPI-PPI 剪刀差。

提问："CPI 与 PPI 背离时的行业配置策略。"

DeepSeek 回复："历史最佳配置：

（1）CPI＞PPI+3%：

必需消费（食品 +18%）

医疗（+12%）

（2）PPI＞CPI+5%：

上游资源（煤炭 +25%）

化工（+15%）

（3）剪刀差收窄期：

制造龙头（估值修复）"

➡ 数据分析方法

方法 1：趋势观察。

提问："PMI 连续变化的有效观察期是多久？"

DeepSeek 回复："专业观察要点：

（1）3 个月趋势：初步方向。

（2）6 个月趋势：确认信号。

（3）12 个月趋势：大周期。

关键阈值

连续 3 个月＜48：经济收缩

连续 3 个月 > 52：过热风险"

方法 2：交叉验证。

提问："构建经济预警体系的指标组合。"

DeepSeek 回复："黄金指标组合：

（1）领先指标：

社融增速

PMI 新订单

（2）同步指标：

工业增加值

用电量

（3）滞后指标：

失业率

产成品库存

应用原则

当领先指标连续 3 月下滑，同步指标 1 个月后确认。"

第四步：用 DeepSeek 建立"多维判断"框架——提升综合研判能力

核心功能：帮助构建系统性的分析框架。专业机构使用的分析框架通常包含 5 ～ 7 个维度，这是散户与专业投资者的关键差距所在。

⇒ 分析框架建议

框架 1：政策—经济—市场。

提问："完善的三维分析框架具体包含哪些子指标？"

DeepSeek 回复：

完整指标体系：

政策维度

货币政策（MLF、LPR）：想象央行是"水龙头管理员"，MLF（中期借贷便利）是给银行放的"中水"，LPR（贷款市场报价利率）是银行给企业的"水价"。水龙头开大（放水）或拧紧（收水），直接影响市场里的"钱多钱少"。

财政政策（赤字率）：政府像"家庭账房先生"，赤字率就是"敢不敢刷信用卡过日子"。赤字率上升 = 多印钱搞建设（如修高铁），赤字率下降 = 省着花存余粮。

行业政策（支持力度）：政府是产业生态的"调节师"。有时倾斜性支持（如新能源、芯片）；有时规范性调整（如平台经济、教育培训）。

经济维度

增长指标（GDP）：相当于"国家体重计"，GDP 上升 = 长胖了（经济扩张），GDP 下降 = 变瘦了（可能衰退）。但光看体重不够，还得看肌肉（质量）和脂肪（泡沫）。

通胀指标（CPI）：这是"菜篮子温度计"，CPI 上升 = 菜价肉价涨了（可能钱不值钱），CPI 下降 = 东西变便宜了（小心通缩陷阱）。

景气指标（PMI）：类似"企业老板信心指数"，PMI > 50%= 老板们想扩大生产（经济热），< 50%= 想收缩战线（经济冷）。

市场维度

估值（PE/PB）：PE（市盈率）是"股价 / 每股盈利"，好比"为赚 1 元钱要付多少股价"；PB（市净率）是"股价 / 每股净资产"，类似"房子值 100 万元，你愿意花多少钱买"。数值越低，可能越像"打折促销"。

流动性（成交额）：股市的"人气值"，成交额上升 = 菜市场挤满人（机会多但可能踩踏），成交额下降 = 冷清的早市（捡漏机会或无人问津）。

情绪（融资余额）：投资者"敢不敢借钱炒股"的胆子测试。融资余额上升 = 赌性大发（可能过热），融资余额下降 = 怂了（可能过冷）。

框架 2：行业比较。

提问："行业比较分析的量化模型有哪些？"

DeepSeek 回复："五因子比较模型：

（1）政策因子（支持力度评分）。

（2）估值因子（历史分位数）。

（3）成长因子（营收增速）。

（4）资金因子（北向持仓）。

（5）技术因子（趋势强度）。"

应用案例

新能源 vs 半导体：

政策 8:6、估值 30%:45%、成长 25%:15%……

➲ 决策参考

参考 1：仓位管理。

提问："基于宏观判断的仓位管理矩阵有哪些？"

DeepSeek 回复："科学仓位矩阵：

（1）经济扩张 + 政策宽松：80% ～ 100%

（2）经济平稳 + 政策中性：50% ～ 80%

（3）经济下滑 + 政策收紧：30% ～ 50%

（4）经济衰退 + 政策观望：< 30%"

历史回测

按此矩阵操作，年化波动率降低 40%。

参考 2：配置方向。

提问："经济周期各阶段的优选行业。"

DeepSeek 回复：

周期轮动图谱：

（1）复苏期：

金融（券商 + 银行）

周期（有色 + 建材）

（2）过热期：

资源（煤炭＋化工）

消费（白酒＋家电）

（3）滞胀期：

医药

公用事业

（4）衰退期：

债券

高股息

第五步：完善"投资流程"——构建系统方法

核心功能：帮助建立规范的投资分析流程。完整的投资流程可以降低 40% 的非理性决策。

➡ 流程建议

步骤 1：信息收集。

提问："专业投资者的每日信息处理流程是怎样的？"

DeepSeek 回复：

标准化流程：

（1）早间（30 分钟）：

隔夜外盘

政策速递

新股申购

（2）盘中（实时）：

异动板块

资金流向

量价异常

（3）盘后（1 小时）：

龙虎榜分析

机构研报

数据发布

步骤 2：定期复盘。

提问："周度 / 月度复盘的重点项目有哪些？"

DeepSeek 回复：

复盘清单：

（1）决策记录检查。

（2）盈亏归因分析。

（3）组合健康度。

（4）风险暴露评估。

（5）流程改进点。

专业工具

使用 DeepSeek 制作复盘模板。

➲ 风险控制

控制 1：止损策略。

提问："多维度止损标准设置。"

DeepSeek 回复：

复合止损标准：

（1）价格止损：-8%。

（2）时间止损：持仓 3 周不达预期。

（3）逻辑止损：基本面恶化。

（4）技术止损：跌破关键位。

特殊情形

"黑天鹅"事件：立即启动应急止损。

控制 2：组合管理。

提问："动态平衡的组合管理方法有哪些？"

DeepSeek 回复："再平衡规则：

（1）单行业＜ 25%。

（2）个股＜ 10%。

（3）现金＞ 5%。

触发条件

（1）季度定期调整。

（2）偏离度＞ 15%。

（3）市场极端情况。"

 总 结

五步提升市场判断力

◆ 政策分析：理解导向，把握重点，建立政策敏感度。

◆ 新闻处理：甄别真伪，管理情绪，培养信息素养。

◆ 指标解读：掌握方法，看清趋势，提升数据思维。

◆ 多维判断：建立框架，系统分析，形成专业视角。

◆ 流程完善：规范操作，控制风险，确保执行纪律。

⊃ 小贴士

DeepSeek 的辅助价值

（1）提供政策周期的文本分析框架。

（2）生成历史估值的文本对比表。

（3）整理宏观数据的文本观察指标。

（4）标注行业轮动的文本关联特征。

（5）输出周期策略的文本应对建议。

⊃ 下一步预告

　　下一章将详解"实战方案：不同人该怎么用 DeepSeek 赚钱"，为保守党、上班族、老股民量身定制专属策略。

▶ 6.1 保守党——用 DeepSeek 筛选高分红养老股

保守党投资者最看重"稳稳的幸福"，既要本金安全，又要每年拿分红。这就像在银行存钱吃利息，但比银行存款收益更高。本节将教你用 DeepSeek 这个智能助手，像老中医把脉一样，帮你看透哪些股票是真正能养老的"现金奶牛"，哪些是虚张声势的"铁公鸡"。

第一步：用 DeepSeek 分析"高分红股"标准——不是所有分红都靠谱

核心功能：DeepSeek 就像你的财务侦探，能帮你梳理历史数据和财务指标，找出真正靠谱的分红股。

➲ 四大筛选条件分析

条件 1：连续分红年限。

这就像公司招聘员工要看对方的工作能力。**你问：**"请告诉我 A 股里像'老黄牛'一样连续 5 年以上分红的公司有哪些？"

DeepSeek 会回答："比如工商银行，就像退休老干部，连续 18 年准时发'退休金'；长江电力，像准时打卡的上班族，连续 15 年不迟到。注意：具体名单需要查最新年报，就像查工资单要看最新月份。"

条件 2：股息率分析。

这就像比较哪家银行利息高。**你问：**"现在买工商银行股票的分红，比存银行划算吗？"

DeepSeek 教你算账："假如工行股价 5 元，去年每股分 0.3 元，股息率就是 0.3÷5=6%。现在银行一年定存才 1.5%，就像比较 6% 利息和 1.5%

利息哪个划算。不过股票会涨会跌，存银行本金不会少，各有利弊。"

条件 3：分红率合理性。

这就像看一个人是不是在打肿脸充胖子。**你问**："某公司赚 10 亿元分 8 亿元，是不是太拼了？"

DeepSeek 打个比方："这就像月薪 1 万的人每月花 8000 元请客，剩下 2000 元过日子，能撑多久？健康的分红应该像理性消费，赚 10 亿分 4 亿~ 6 亿元最稳妥。"

条件 4：现金流覆盖度。

这就像看钱是不是实实在在挣来的。**你问**："怎么知道分红是不是借来的钱？"

DeepSeek 说："要看公司'钱袋子'：

（1）经营现金流＞分红，就像工资＞生活费。

（2）自由现金流充足，就像存款够花。

（3）负债别太高，就像信用卡别刷爆。"

☠ 第二步：用 DeepSeek 识别"分红风险"——避开数字陷阱

核心功能：DeepSeek 就像防骗专家，教你识破那些"假大方"的公司。

⤷ 三大风险识别方法

风险 1：大股东行为异常。

这就像请客吃饭却偷偷打包。**你问**："怎么知道公司是不是假分红真套现？"

DeepSeek 提醒："注意三个可疑动作：

（1）刚分完红就减持，就像发完红包马上要回去。

（2）分红比例突然提高配合减持，就像临退休突击发奖金。

（3）大股东一边喊公司好一边卖股票，就像饭店老板说自家菜香却从不吃。"

风险 2：财务结构失衡。

这就像透支信用卡装阔气。**你问：**"负债高的公司还大额分红正常吗？"

DeepSeek 举例："比如某地产公司：

负债率 85% → 就像月供 2 万元，工资才 3 万元；

却每年分红 5 亿元 → 就像每月还要请客花 1 万元；

结果第二年资金链断裂 → 就像刷爆信用卡被追债。"

风险 3：行业衰退信号。

这就像夕阳产业发高福利。**你问：**"煤炭行业高分红能持续吗？"

DeepSeek 分析："三个危险信号：

（1）行业营收连降 → 就像店铺客人越来越少；

（2）政策支持减弱 → 就像政府补贴取消；

（3）龙头缩减投资 → 就像老字号关分店。

这样的高分红就像最后的晚餐。"

第三步：建立"分红跟踪"方法——系统化管理

核心功能：DeepSeek 就像你的分红小秘书，帮你记好重要日子。

➲ 分红日程管理建议

建议：关键时点记录。

这就像记结婚纪念日。**你问：**"分红有哪些重要日子要记？"

DeepSeek 说："五个关键日：

（1）预案日 → 就像预告发奖金；

（2）决议日 → 就像正式决定；

（3）登记日 → 就像考勤打卡；

（4）除权日 → 就像扣税；

（5）发放日 → 就像工资到账。

建议手机设提醒，就像设生日提醒。"

➲ 税务优化建议

这就像合理避税。**你问：**"持股多久分红最划算？"

DeepSeek 算给你看："税收三档：

（1）＜1个月：20%→就像临时工扣税多；

（2）1～12个月：10%→就像合同工；

（3）＞1年：免税→就像老员工福利。

建议：好股票拿长些，就像老酒越陈越香。"

⮕ 再投资策略框架

这就像利滚利。**你问**："分红钱该怎么用？"

DeepSeek 建议："四个考虑：

（1）股价是否合理→就像买菜看价格；

（2）行业前景如何→就像看天气种地；

（3）自己钱够不够→就像量入为出；

（4）市场环境怎样→就像看季节穿衣。

可以做个简单表格来记录。"

第四步：构建"养老组合"框架——科学配置

核心功能：DeepSeek 就像营养师，帮你搭配健康投资套餐。

⮕ 行业配置建议

这就像吃饭要荤素搭配。**你问**："分红组合怎么配比好？"

DeepSeek 建议："四菜一汤：

（1）金融主食（银行保险）→就像米饭管饱；

（2）公用事业配菜（电力高速）→就像蔬菜健康；

（3）消费小炒（食品家电）→就像荤菜提味；

（4）医药汤品（中药器械）→就像煲汤养生。

根据自己'胃口'调整。"

⮕ 风险管理方法

这就像系安全带。**你问**："怎么让组合更稳当？"

DeepSeek 说："四个安全措施：

（1）单行业不超过 40%→就像不把所有钱装一个口袋；

（2）加些债券→就像存款保底；

（3）留点现金→就像备用药；

（4）定期调整→就像体检。"

记住："稳"字当头，就像老人走路不能着急。

第五步：制订"应急方案"——防范风险

核心功能：DeepSeek 就像应急预案，帮你未雨绸缪。

⊃ 分红下降应对

这就像提前想好退路。**你问**："要是分红减少了怎么办？"

DeepSeek 建议："四步走：

（1）查原因→就像看病先检查；

（2）比同行→就像货比三家；

（3）做决定→就像对症下药；

（4）记教训→就像写病历。"

平时就要留意"候补名单"。

⊃ 股价波动管理

这就像应对天气变化。**你问**："分红股大跌要跑吗？"

DeepSeek 分析："先搞清：

（1）是市场'感冒'（暂时）→就像雨天带伞；

（2）还是公司'重病'（长期）→就像重病求医。"

好公司跌了反而是机会，就像打折买好货。

总结

五步打造养老"摇钱树"

◆ 严选标的：找"铁饭碗"公司，不找"打零工"的。

◆ 识别风险：防"假大方"，识"真困难"。

◆ 系统管理：记好日子，算清税费。

◆ 合理配置：荤素搭配，营养均衡。

◆ 防范风险：晴天备伞，饱时存粮。

记住：分红投资就像种果树，要选好苗子（股票），定期施肥（再投资），耐心等待（长期持有），才能年年收获（稳定分红）。

小贴士

DeepSeek 的辅助价值

（1）提供分红质量的文本评估模型。

（2）生成防御行业的文本筛选条件。

（3）整理财务修饰的文本预警要点。

（4）标注股息再投的文本计算框架。

（5）输出案例库的文本分析报告。

下一步预告

下一节将详解"上班族——用 DeepSeek 当定投计算器"，教忙碌的职场人用"无脑定投 + 智能调仓"跑赢 90% 的投资者。

6.2 上班族——用 DeepSeek 当定投计算器

上班族炒股最大的难题是没时间盯盘，想赚钱但又不想错过机会。定投（定期定额投资）就像每月自动存钱，不管涨跌都坚持买入，长期下来成本摊平、收益稳健。本节将教你用 DeepSeek 定制专属定投计划，设置全自动提醒，连操作时间都不用记，躺着跑赢大盘。

第一步：用 DeepSeek 辅助设计 "定投计划框架"

核心功能：DeepSeek 可提供定投基础知识、计算方法和历史数据参考，帮助建立完整的投资计划。

➲ 定投基本要素的深入分析

要素 1：定投频率的选择与优化。

提问："不同定投频率对投资效果的影响程度如何？"

DeepSeek 回复："详细分析：

（1）月定投：最适合工薪阶层，与工资发放周期匹配，操作简便，但平滑效果一般。

（2）双周定投：成本平滑效果提升约 15%，但需注意交易费用累积。

（3）周定投：平滑效果最佳，但操作烦琐，适合自动化交易账户。

实证数据：过去 10 年数据显示，双周定投相比月定投可提升年化收益 0.5% ～ 1%。"

要素 2：定投金额的科学计算。

提问："如何根据个人财务状况确定最优定投金额？"

DeepSeek 回复："进阶计算方法：

（1）收支平衡法：建议金额 =（月收入 - 固定开支）×40%。

（2）财务目标法：根据退休 / 教育等目标，计算所需年化收益，倒推每月投资额。

（3）风险承受法：建议股票类投资不超过（100- 年龄）% 的可投资资产。"

注意事项：应保留 3 ～ 6 个月生活费作为应急资金。

要素 3：投资标的的配置原则。

提问："如何构建适合定投的资产组合？"

DeepSeek 回复："组合构建要点：

（1）核心资产（70%）：宽基指数 ETF（如沪深 300+ 中证 500）。

（2）卫星资产（20%）：行业 / 主题 ETF（如科技、消费）。

（3）防御资产（10%）：债券 / 黄金 ETF。

再平衡策略：每年调整一次至目标比例。"

要素 4：投资期限的动态管理。

提问："如何根据市场环境调整定投期限？"

DeepSeek 回复："期限调整策略：

（1）牛市环境：可适当缩短目标期限，关注估值水平。

（2）熊市环境：可延长投资期限，加大定投金额。

（3）震荡市：保持原定计划，避免频繁调整。"

历史数据：完整牛熊周期通常 3 ～ 5 年。

DeepSeek 辅助作用：提供专业的定投知识框架、详细计算方法和历史数据参考，帮助投资者建立系统化的投资计划。

🎧 第二步：用 DeepSeek 分析 "基金选择标准"

核心功能：DeepSeek 可提供专业的基金评价指标解释、筛选方法和实证数据分析。

➲ 基金筛选的多维度评估体系

维度 1：波动性的全面评估。

提问："如何全面评估基金的波动风险特征？"

DeepSeek 回复："深入分析指标：

（1）年化波动率：衡量日常波动，< 15% 为优。

（2）最大回撤：反映极端风险，< 25% 适合定投。

（3）下行波动率：专门衡量下跌风险。

（4）收益波比：评估风险调整后收益。

数据参考：优质宽基指数 ETF 通常年化波动率 18% ～ 22%。"

维度 2：费用的长期影响。

提问："如何准确计算基金费用对长期收益的影响？"

DeepSeek 回复："详细计算模型：

（1）管理费影响：1% 的年费，30 年将减少 25% 终值。

（2）交易成本：每次买卖约 0.1% ～ 0.3%。

（3）隐性成本：冲击成本、买卖价差。

优化建议：优先选择总费率＜ 0.5% 的指数基金。"

维度 3：跟踪误差的深入理解。

提问："跟踪误差产生的原因及其影响有哪些？"

DeepSeek 回复："误差来源分析：

（1）现金拖累：基金保留现金导致的偏差。

（2）抽样复制：不完全复制指数的差异。

（3）费用扣除：管理费造成的天然差异。

（4）分红处理：不同税务处理方式。

控制方法：选择完全复制型指数基金。"

DeepSeek 辅助作用：提供专业的基金分析指标解释、详细计算方法和实证数据参考，辅助投资者进行科学的基金选择。

第三步：用 DeepSeek 研究 "定投优化策略"

核心功能：DeepSeek 可提供专业的策略原理说明、实施方法和历史回测数据。

○ 定投增强策略的深入探讨

方法 1：估值调整策略的优化。

提问："如何优化基于估值的定投调整策略？"

DeepSeek 回复："进阶策略设计：

（1）多指标综合：结合 PE、PB、PS 等多项估值指标。

（2）动态区间调整：根据市场波动率调整触发阈值。

（3）分批执行：设置多个估值区间对应不同调整幅度。

实证数据：优化后的估值策略可提升年化收益 1% ～ 2%。"

方法 2：均线策略的参数优化。

提问：" 如何选择最优均线参数？"

DeepSeek 回复：" 参数测试方法：

（1）测试不同周期均线（120 日、250 日、500 日）。

（2）优化偏离阈值（15%、20%、25%）。

（3）结合波动率动态调整参数。

历史回测：250 日均线 +20% 偏离在 A 股历史表现最佳。"

DeepSeek 辅助作用：提供专业的策略优化思路、详细实施方法和历史回测数据分析，帮助投资者提升定投效果。

第四步：用 DeepSeek 建立 " 投资记录系统 "

核心功能：DeepSeek 可提供专业的投资记录模板设计、数据分析方法和绩效评估框架。

➲ 投资记录与分析的完整体系

要点 1：交易记录的标准化。

提问：" 如何建立完整的定投记录体系？"

DeepSeek 回复：" 详细记录规范：

（1）基础数据：日期、金额、份额、价格。

（2）市场环境：指数点位、估值水平、波动率。

（3）操作依据：策略触发条件、调整原因。

（4）费用记录：交易佣金、管理费等。"

要点 2：定期复盘的指标体系。

提问：" 定投绩效评估应该包含哪些指标？"

DeepSeek 回复：" 完整评估框架：

（1）收益指标：年化收益率、超额收益。

（2）风险指标：最大回撤、波动率。

（3）成本指标：总费用比率。

（4）执行指标：计划完成率。

（5）比较基准：对应指数表现。"

DeepSeek 辅助作用：提供专业的记录模板设计、详细分析方法和绩效评估框架，帮助投资者建立完善的投资记录。

第五步：用 DeepSeek 制订"特殊情况应对方案"

核心功能：DeepSeek 可提供专业的风险识别方法、情景分析框架和决策支持系统。

➲ 市场特殊情况的系统应对

情况 1：极端下跌市场的应对。

提问："如何制订系统化的暴跌应对策略？"

DeepSeek 回复："分级应对方案：

（1）下跌 10%：检查持仓基本面。

（2）下跌 20%：评估市场估值水平。

（3）下跌 30%：制订分批加仓计划。

（4）下跌 50%：重新评估投资策略。

资金管理：单次加仓不超过总资金的 10%。"

情况 2：大幅盈利时的止盈策略。

提问："如何建立科学的止盈体系？"

DeepSeek 回复："多维度止盈框架：

（1）估值维度：PE/PB 达到历史高位区间。

（2）收益维度：达到目标收益率。

（3）技术维度：出现顶部信号。

（4）资金维度：大额资金流出。

执行原则：分批止盈，保留底仓。"

DeepSeek 辅助作用：提供专业的风险识别方法、情景分析框架和决策支持系统，帮助投资者理性应对市场波动。

五步建立专业级定投体系

- ◆ 计划设计：建立完整的投资目标、金额、标的、期限规划。
- ◆ 标的筛选：运用多维度的基金评价体系选择优质标的。
- ◆ 策略优化：实施经过验证的定投增强策略。
- ◆ 记录分析：建立科学的投资记录和绩效评估系统。
- ◆ 风险应对：制订系统化的特殊情况处理方案。

⊃ 小贴士

DeepSeek 在定投中的专业支持：

- （1）提供完整的投资知识体系。
- （2）辅助建立科学的分析方法。
- （3）提供历史数据参考。
- （4）帮助优化决策流程。
- （5）支持风险管理框架。

⊃ 下一步预告

　　下一节将详解"老股民——用 DeepSeek 作盘面监视器"，教资深投资者用 AI 盯盘、抓异动、做波段，效率提升 10 倍。

▶ 6.3　老股民——用 DeepSeek 作盘面监视器

　　老股民炒股多年，最头疼的就是盯盘费时费力，稍不留神就错过买卖点。本节将教你用 DeepSeek 搭建一个全天候的"AI 盯盘助手"，从主力资金流向、板块轮动到个股异动，所有关键信号自动推送，让你一边喝茶一边抓机会，效率提升 10 倍。

🅰 第一步：用 DeepSeek 辅助"盘面信息整合"

核心功能：DeepSeek 可以作为专业的信息整理工具，帮助投资者系统化地收集、分类和分析各类市场数据，建立完整的市场观察体系。

➲ 市场信息分类与处理方法

分类 1：个股数据深度分析。

提问："如何全面整理和分析自选股的关键数据？"

DeepSeek 回复：

完整分析框架：

（1）基础行情数据：

实时价格和涨跌幅

成交量和换手率

量价配合情况

（2）财务指标：

盈利能力指标（ROE、毛利率）

成长性指标（营收增长率）

估值指标（PE、PB）

（3）市场表现：

相对行业表现

相对大盘表现

历史波动特征

（4）重大事件：

近期公告内容

重要股东变动

机构调研情况

建议：建立标准化的个股分析表格，定期更新。

分类 2：行业板块系统分析。

提问："如何进行深入的行业板块分析？"

DeepSeek 回复：
系统分析方法：
（1）行业基本面：
行业景气度指标
政策影响评估
竞争格局变化
（2）市场表现：
板块涨跌幅排名
资金流向数据
板块内个股联动性
（3）估值分析：
行业整体估值水平
历史估值分位数
国际比较估值
（4）重要指标：
龙头股表现
板块成交占比
机构持仓变化
建议：每周更新行业分析报告。

DeepSeek 辅助作用：
（1）提供完整的信息分类框架。
（2）建议关键分析指标。
（3）帮助建立标准化的记录表格。
（4）提供数据分析方法建议。

第二步：用 DeepSeek 分析"资金流向信息"

核心功能：DeepSeek 可以协助投资者建立专业的资金流向分析体系，提供系统化的资金数据分析方法，帮助识别市场主力动向。

➡ 资金数据的深度分析方法

方法 1：大单交易专业解读。

提问："如何系统分析个股的大单交易信息？"

DeepSeek 回复：

专业分析流程：

（1）数据收集阶段：

查询公开的大单交易记录

区分主动买盘和卖盘

统计大单成交占比

（2）数据分析阶段：

分析买卖方力量对比

识别异常大单情况

评估大单持续性

（3）综合判断阶段：

结合股价走势分析

参考历史大单模式

考虑市场环境影响

注意事项：大单数据需要结合其他指标综合判断。

方法 2：股东变化深度研究。

提问："如何全面解读股东户数变化信息？"

DeepSeek 回复：

深入研究要点：

（1）数据维度：

股东户数变化趋势

户均持股金额变化

机构持股比例变动

重要股东增减持

（2）分析方法：

对比历史变化规律

结合股价位置分析

评估筹码集中程度

关注机构动向

（3）应用原则：

注意数据滞后性

区分短期波动和趋势

结合基本面验证

建议：建立股东变化跟踪记录表。

DeepSeek 辅助作用：

（1）提供资金数据分析框架。

（2）建议关键分析指标。

（3）帮助建立系统化的分析方法。

（4）提供数据解读技巧。

第三步：用 DeepSeek 建立"异动观察清单"

核心功能：DeepSeek 可以帮助投资者建立专业的异动观察体系，制订系统化的异动识别和跟踪方法，提升市场机会捕捉能力。

⇒ 异动观察的完整体系

要点 1：量价异常专业识别。

提问："如何建立系统的量价异动观察方法？"

DeepSeek 回复：

专业识别体系：

（1）异常量能信号：

突发放量（量比＞5）

持续缩量（量比＜0.5）

量价背离现象

（2）价格异动信号：

突破关键价位

异常波动幅度

特殊 K 线形态

（3）综合分析：

评估异动持续性

判断异动性质

预测潜在空间

记录方法：建议建立异动观察日志。

要点 2：消息影响系统评估。

提问："如何专业评估消息对股价的影响？"

DeepSeek 回复：

系统评估方法：

（1）消息分类：

公司层面消息

行业政策消息

宏观经济消息

市场流动性消息

（2）影响评估：

消息重要性评级

预期差分析

持续性判断

（3）市场反应：

即时反应程度

后续走势验证

资金流向佐证

建议：建立消息影响案例库。

DeepSeek 辅助作用：
（1）提供异动识别标准。
（2）建议系统观察方法。
（3）帮助建立记录体系。
（4）提供分析框架。

第四步：用 DeepSeek 辅助"交易复盘分析"

核心功能：DeepSeek 可以帮助建立专业的交易复盘体系，提供系统化的分析方法，帮助投资者持续优化交易策略。

➲ 专业复盘分析框架

框架 1：交易记录标准化。
提问："专业的交易记录应包含哪些要素？"
DeepSeek 回复：
完整记录要素：
（1）基础交易信息：
交易日期和时间
证券代码和名称
买卖方向和价格
成交数量和金额
（2）决策背景：
交易决策依据
当时市场环境
预期目标和计划
（3）执行情况：
实际执行偏差
遇到的问题
突发情况处理

（4）结果分析：

盈亏金额

持仓时间

相对基准表现

建议：使用标准化的交易记录表格。

框架 2：模式识别与优化。

提问："如何从历史交易中提取有效模式？"

DeepSeek 回复：

模式分析方法：

（1）数据统计：

盈利交易特征统计

亏损交易原因分类

交易频率分析

持仓周期分析

（2）模式识别：

高胜率交易场景

高盈亏比机会

重复性错误

季节性规律

（3）策略优化：

强化有效模式

规避常见错误

调整仓位管理

优化进出场时机

工具建议：使用统计分析软件辅助。

DeepSeek 辅助作用：

（1）提供复盘框架。

（2）建议分析方法。

（3）帮助建立记录标准。

（4）提供优化思路。

第五步：用 DeepSeek 优化"交易决策流程"

核心功能：DeepSeek 可以提供专业的交易决策框架建议，帮助投资者建立系统化、规范化的交易执行体系。

➲ 专业决策流程建议

建议 1：多维条件评估。

提问："完整的交易决策需要考虑哪些维度？"

DeepSeek 回复：

全面评估维度：

（1）基本面维度：

公司财务状况

行业景气程度

估值合理性

（2）技术面维度：

趋势判断

量价配合

关键位突破

（3）资金面维度：

主力资金流向

市场流动性

资金情绪指标

（4）风险维度：

波动率评估

相关性分析

极端情况预案

（5）个人维度：

风险承受能力

投资目标

持仓结构

建议 2：系统风险管理。

提问："如何建立专业的风险管理体系？"

DeepSeek 回复：

风险管理框架：

（1）仓位管理：

单品种上限

行业集中度

总仓位控制

（2）止损策略：

技术止损位

基本面止损

时间止损

（3）分散原则：

跨资产配置

跨市场分散

跨周期布局

（4）压力测试：

极端行情模拟

流动性评估

杠杆压力测试

（5）监控调整：

定期风险评估

动态调整策略

应急处理机制

DeepSeek 辅助作用：

（1）提供决策框架。

（2）建议评估维度。

（3）帮助建立风控体系。

（4）提供优化方法。

构建专业级投资分析体系

◆ 信息整合：建立完整的市场数据收集和分析系统。

◆ 资金分析：掌握专业的资金流向解读方法。

◆ 异动观察：系统化识别和跟踪市场机会。

◆ 交易复盘：持续优化交易策略和执行能力。

◆ 决策流程：规范交易决策和风险管理。

⊃ 小贴士

DeepSeek 的辅助价值

（1）提供专业分析框架。

（2）建议关键指标和方法。

（3）帮助建立系统化流程。

（4）支持决策优化。

（5）促进知识积累。

⊃ 下一步预告

　　第 7 章将揭秘"高手秘籍：让 DeepSeek 越用越聪明的技巧"，教你训练 AI 适应个人投资风格，打造专属智能助手。

7.1 教 DeepSeek 记住你的投资脾气

第一步：用 DeepSeek 辅助 "投资风格分析"

核心功能：DeepSeek 可以提供专业的投资风格评估框架和分析方法，帮助投资者全面、客观地认识自己的投资特点和风险偏好。

➲ 投资风格的多维度评估体系

评估维度 1: 风险承受能力深度分析。

提问: "如何全面评估自己的风险承受能力？"

DeepSeek 回复: "详细评估方法：

（1）亏损容忍度测试：

单日最大可接受亏损比例（1%/3%/5%）

单周最大可接受亏损比例（3%/7%/10%）

单月最大可接受亏损比例（5%/10%/15%）

（2）收益目标评估：

保守型：年化 5% ~ 8%（跑赢通胀）

稳健型：年化 10% ~ 15%（平衡增长）

进取型：年化 20%+（超额收益）

（3）波动适应评估：

日波动适应度（±1%/±3%/±5%）

周波动适应度（±3%/±5%/±7%）

月波动适应度（±5%/±8%/±10%）

建议：通过模拟测试和历史交易复盘综合评估。"

评估维度 2：时间投入与精力分配。

提问："如何科学评估自己的时间投入特点？"

DeepSeek 回复："系统评估框架：

（1）可用时间资源：

每日研究时间（0.5h/1h/2h+）

每周深度分析时间（2h/5h/8h+）

每月策略回顾时间（4h/8h/12h+）

（2）信息处理能力：

同时跟踪股票数量（3 ～ 5/5 ～ 8/8 ～ 10+）

信息消化速度（快 / 中 / 慢）

决策反应时间（即时 / 日内 / 多日）

（3）操作频率偏好：

交易次数（月均 5 次 /10 次 /20 次以上）

调仓频率（季度 / 月度 / 周度）

建议：记录实际时间分配，建立时间日志。"

评估维度 3：决策模式与认知特点。

提问："如何识别自己的决策模式和认知偏好？"

DeepSeek 回复："专业识别方法：

（1）主要决策依据分析：

基本面驱动型（财务数据、行业前景）

技术面驱动型（图表形态、指标信号）

消息面驱动型（政策变化、公司公告）

（2）典型持仓周期统计：

短线（1 ～ 7 天）

中线（1 ～ 3 个月）

长线（6 个月以上）

（3）常见买卖触发点：

估值触发（PE/PB 分位数）

技术触发（突破 / 回调）

事件触发（财报 / 政策）

建议：分析过去 50 笔交易的决策特征。"

第二步：用 DeepSeek 建立"投资习惯档案"

核心功能：DeepSeek 可以帮助投资者建立系统化、结构化的交易行为记录体系，通过数据分析识别行为模式，为策略优化提供依据。

➲ 交易行为的多角度分析方法

方法 1：操作频率与市场环境关联分析。

提问："如何分析操作频率与市场环境的关系？"

DeepSeek 回复："专业分析方法：

（1）数据收集：

记录每笔交易的具体时间

标注当时的市场环境（牛市 / 熊市 / 震荡市）

记录交易方向和仓位大小

（2）统计分析：

计算不同市况下的日均交易次数

分析买卖操作比例变化

评估仓位规模调整规律

（3）模式识别：

识别过度交易时段

发现最佳操作窗口

找出低效交易时间段

建议：建立市场环境 - 操作频率矩阵。"

方法 2：持仓周期与收益关系研究。

提问："如何分析持仓周期与收益的关系？"

DeepSeek 回复："深入研究框架：

（1）数据准备：

准确记录每笔交易的持仓天数

计算各持仓区间的收益率

标注交易品种和仓位比例

（2）分层分析：

按品种分类统计（股票 /ETF/ 债券）

按仓位大小分层（小仓 / 中仓 / 重仓）

按市况区分（上涨 / 下跌 / 震荡）

（3）规律总结：

找出最优持仓区间

识别低效持仓时段

发现特殊品种规律

建议：制作持仓 - 收益分布热力图。"

方法 3：决策依据有效性评估。

提问："如何评估不同决策依据的有效性？"

DeepSeek 回复："系统评估方法：

（1）决策依据分类：

基本面依据（20 个子类）

技术面依据（15 个子类）

消息面依据（10 个子类）

（2）效果评估：

计算各类依据的胜率

统计盈亏比分布

评估稳定性指标

（3）优化建议：

强化高效决策依据

弱化低效决策方式

开发新决策维度

建议：建立决策依据评分卡。"

第三步：用 DeepSeek 优化"投资偏好管理"

核心功能：DeepSeek 可以帮助投资者建立科学的偏好管理体系，明确能力圈范围，优化资源配置，提高投资效率。

➲ 投资偏好多维度管理

要点 1：行业偏好与能力圈建设。

提问："如何系统地管理行业偏好？"

DeepSeek 回复：

专业管理方法：

（1）行业熟悉度评估：

知识储备评分（1 ～ 10 分）

跟踪时长记录（月 / 年）

信息获取渠道评估

（2）历史表现分析：

各行业投资收益统计

操作成功率比较

风险收益特征评估

（3）能力圈建设：

确定 3 ～ 5 个核心行业

建立行业研究框架

持续跟踪行业动态

建议：制作行业能力矩阵图。

要点 2：品种偏好与配置优化。

提问："如何优化品种偏好管理？"

DeepSeek 回复：

系统优化方法：

（1）品种特性分析：

波动性评估

流动性分析

相关性测算

（2）操作熟练度评估：

历史交易次数

平均持有周期

盈亏比例统计

（3）配置优化：

确定主力品种（3～5个）

设置辅助品种（5～8个）

保留观察品种（10个以内）

建议：建立品种配置金字塔。

要点 3：策略偏好与绩效评估。

提问："如何评估和优化策略偏好？"

DeepSeek 回复：

专业评估框架：

（1）策略库建设：

收集使用过的所有策略

分类整理（趋势/反转/套利等）

标注适用环境

（2）绩效评估：

年化收益率比较

最大回撤统计

胜率盈亏比分析

（3）优化调整：

聚焦 2 ～ 3 个核心策略

保留 3 ～ 5 个辅助策略

持续测试新策略

建议：制作策略绩效仪表盘。

第四步：用 DeepSeek 建立"风险控制体系"

核心功能：DeepSeek 可以帮助投资者构建完整的风险管理框架，包括风险评估、监控和应对机制，确保投资行为与风险承受能力相匹配。

➲ 全面风险管理方法

要点 1：仓位管理的系统化实施。

提问："如何实施系统化的仓位管理？"

DeepSeek 回复：

专业实施方法：

（1）总体仓位规划：

根据风险承受能力确定股票仓位上限

设置现金及固收产品最低比例

建立极端情况应对预案

（2）个股仓位控制：

单一个股上限（通常 5% ～ 10%）

行业集中度限制（通常 20% ～ 30%）

相关性仓位叠加控制

（3）动态调整机制：

根据市场估值调整

依据账户收益变化

考虑资金需求时点

建议：制定书面仓位管理守则。

要点 2：止损策略的科学设计。

提问："如何设计科学的止损策略？"

DeepSeek 回复：

系统设计方法：

（1）技术止损：

支撑位突破止损

移动均线止损

波动幅度止损

（2）基本面止损：

关键财务指标恶化

行业景气度下降

公司治理风险

（3）组合止损：

账户整体回撤控制

行业组合止损

策略失效止损

建议：测试不同止损方法效果。

要点 3：压力情景的应对准备。

提问："如何做好压力情景应对准备？"

DeepSeek 回复：

专业准备方法：

（1）情景识别：

个股暴跌（-20% 以上）

系统性风险（大盘 -10% 以上）

流动性危机（成交量骤降）

（2）应对预案：

减仓节奏规划

对冲工具准备

现金储备管理

（3）压力测试：

历史极端行情回测

假设情景模拟

恢复能力评估

建议：每季度更新压力预案。

第五步：用 DeepSeek 进行"投资行为优化"

核心功能：DeepSeek 可以帮助投资者建立持续的行为改进机制，通过定期复盘、绩效评估和计划调整，不断提升投资决策质量。

➲ 行为优化的系统方法

方法 1：交易复盘的标准化流程。

提问："如何建立标准化的交易复盘流程？"

DeepSeek 回复：

专业流程设计：

（1）数据准备阶段：

整理完整交易记录

补充市场环境数据

标注关键决策点

（2）深度分析阶段：

决策依据有效性评估

买卖时点选择分析

仓位管理效果检验

（3）改进计划阶段：

识别 3 个主要改进点

制订具体改进措施

设置评估标准和时间

建议：建立标准化复盘模板。

方法 2：绩效的多维度评估。

提问："如何进行多维度的绩效评估？"

DeepSeek 回复：

全面评估框架：

（1）绝对收益评估：

总收益率

年化收益率

超额收益率

（2）风险调整后收益：

夏普比率

最大回撤

波动率

（3）策略一致性评估：

计划执行度

风格漂移检测

行为偏差分析

建议：制作绩效评估仪表盘。

方法 3：持续改进的实施体系。

提问："如何建立有效的持续改进体系？"

DeepSeek 回复：

系统建设方法：

（1）目标管理：

设置 SMART 改进目标

分解为具体任务

制订时间表

（2）过程监控：

定期进度检查

关键指标跟踪

障碍问题解决

（3）效果评估：

目标达成度评估

经验教训总结

下一周期规划

建议：采用 PDCA〔计划（Plan）、执行（Do）、检查（Check）、处理（Act）〕循环改进。

 总 结

构建专业化的投资行为体系

◆ 风格认知：通过多维度评估建立准确的自我认知。

◆ 习惯分析：系统记录和分析交易行为数据。

◆ 偏好管理：科学界定能力圈和资源配置。

◆ 风险控制：建立全面的风险管理框架。

◆ 行为优化：实施持续的改进提升机制。

⊃ 小贴士

DeepSeek 的辅助价值

（1）提供专业分析框架和方法论。

（2）建议具体指标和评估工具。

（3）帮助建立标准化流程。

（4）辅助进行数据分析和模式识别。

（5）提供管理模板。

⊃ 下一步预告

下一节将详解"用 DeepSeek 全面掌握市场行情"，教你通过 AI 整合碎片信息，一眼看穿资金流向、板块轮动与个股机会。

▶ 7.2　用 DeepSeek 全面掌握市场行情

市场行情千变万化，但核心逻辑无非是"资金往哪流，机会就在哪"。这节教你用 DeepSeek 一站式整合新闻、数据、资金动向，把碎片信息变成清晰的"机会地图"，普通人也能像职业操盘手一样，一眼看穿市场全貌。

❓ 第一步：用 DeepSeek 辅助"市场整体分析"

核心功能：DeepSeek 可以提供专业的市场分析框架，帮助投资者系统化地收集、整理和解读各类市场数据，建立全面的市场评估体系。

➲ **市场整体状况的多维度评估**

评估维度 1：市场广度、深度分析。

提问："如何全面评估市场的广度和深度？"

DeepSeek 回复：

详细分析方法：

（1）涨跌家数统计：

计算当日上涨 / 下跌个股数量

统计不同涨跌幅区间的个股分布

分析涨跌停板个股特征

（2）市值分层表现：

大盘股（市值＞ 500 亿元）表现

中盘股（100 亿～ 500 亿元）表现

小盘股（＜ 100 亿元）表现

（3）成交量分析：

市场总体成交量变化

量价配合情况

资金活跃度评估

建议：建立市场广度跟踪表，每日更新关键指标。

评估维度 2：市场情绪综合判断。

提问："如何系统性地判断市场情绪？"

DeepSeek 回复：

综合判断体系：

（1）资金面指标：

融资融券余额变化趋势

北向资金流向

主力资金动向

（2）参与度指标：

新股申购倍数

投资者开户数据

交易账户活跃度

（3）情绪指标：

波动率指数（VIX）

股吧讨论热度

媒体情绪倾向

建议：构建市场情绪综合评分模型。

评估维度 3：关键指标监测体系。

提问："需要建立哪些关键市场指标的监测体系？"

DeepSeek 回复：

核心监测体系：

（1）指数表现：

主要宽基指数（上证、沪深 300 等）

风格指数（成长 / 价值）

行业指数

（2）估值指标：

市场整体 **PE/PB**

行业估值分位数

个股估值偏离度

（3）流动性指标：

市场成交金额

换手率水平

资金利率变化

建议：建立指标仪表盘，定期生成监测报告。

第二步：用 DeepSeek 分析"板块轮动规律"

核心功能：DeepSeek 可以帮助投资者建立系统化的板块分析方法，识别板块轮动特征，把握市场风格变化。

➡ 板块分析的专业方法

方法 1：板块强度多维度评估。

提问："如何全面评估板块的相对强度？"

DeepSeek 回复：

专业评估框架：

（1）价格表现维度：

短期涨幅（1 日 /3 日 /5 日）

中期趋势（20 日 /60 日）

相对强度（vs 大盘）

（2）资金流向维度：

主力资金净流入

北向资金配置变化

融资余额变动

（3）基本面维度：

盈利预测调整

估值水平变化

政策支持力度

建议：建立板块评分卡，定期更新评估。

方法 2：轮动信号识别系统。

提问："如何建立系统化的轮动信号识别方法？"

DeepSeek 回复：

系统识别方法：

（1）内部轮动信号：

龙头股与板块内个股表现差异

成交量分布变化

资金流入结构变化

（2）跨板块信号：

资金流出 / 流入板块关联性

估值差变化

政策影响传导

（3）市场环境信号：

利率变化影响

经济周期位置

风险偏好变化

建议：建立轮动信号检查清单。

方法 3：历史规律深度研究。

提问："如何进行板块轮动历史规律研究？"

DeepSeek 回复：

深度研究方法：

（1）数据收集：

整理历史板块表现数据

标注关键市场环境特征

记录重要政策时间点

（2）规律分析：

统计不同市场环境下的板块表现

分析政策周期与板块轮动关系

研究季节性轮动特征

（3）规律验证：

样本外测试

不同市场周期验证

国际比较研究

建议：建立板块轮动研究数据库。

第三步：用 DeepSeek 进行"个股机会分析"

核心功能：DeepSeek 可以帮助投资者建立专业化的个股分析流程，从多个维度全面评估投资机会。

⟳ 个股分析的完整框架

框架 1：基本面深度分析。

提问："如何进行专业的个股基本面分析？"

DeepSeek 回复：

专业分析框架：

（1）财务分析：

盈利能力（ROE、毛利率等）

成长能力（收入、利润增速）

财务健康度（负债率、现金流）

（2）业务分析：

行业地位和市场份额

产品竞争力和差异化

商业模式可持续性

（3）治理分析：

股权结构

管理层质量

激励机制

建议：建立基本面分析模板。

框架 2：技术面系统分析。

提问："如何系统性地进行技术分析？"

DeepSeek 回复：

系统分析方法：

（1）趋势分析：

长期趋势（200 日均线等）

中期趋势（50 日均线等）

短期趋势（10 日均线等）

（2）形态分析：

经典价格形态识别

量价配合分析

波动特征评估

（3）指标分析：

趋势类指标：平滑异同移动平均线（Moving Average Convergence Divergence，MACD）

摆动类指标：相对强弱指数（Relative Strength Index，RSI）

量能类指标：能量潮指标（On-Balance Volume，OBV）

建议：多指标综合判断。

框架 3：资金面全面分析。

提问："如何全面分析个股资金面情况？"

DeepSeek 回复：

全面分析方法：

（1）主力资金分析：

大单流向

机构持仓变化

龙虎榜数据分析

（2）股东结构分析：

机构持股比例

重要股东增减持

股权质押情况

（3）市场行为分析：

融资融券变化

期权持仓变化

大宗交易情况

建议：建立资金面跟踪体系。

第四步：用 DeepSeek 制订"投资应对策略"

核心功能：DeepSeek 可以帮助投资者基于市场分析结果，制订系统化的投资策略，并建立相应的执行和评估机制。

➲ 投资策略的专业制订方法

方法 1：趋势策略深度优化。

提问："如何优化趋势跟随策略？"

DeepSeek 回复：

专业优化方法：

（1）趋势识别优化：

多时间框架确认

多指标协同判断

量价配合验证

（2）进出场优化：

突破确认方法

回撤入场策略

分批建仓计划

（3）风险管理：

动态止损设置

仓位调整规则

策略容量评估

建议：进行历史回测验证。

方法 2：价值策略系统实施。

提问："如何系统性地实施价值投资策略？"

DeepSeek 回复：

系统实施方法：

（1）价值评估体系：

多维度估值指标

安全边际计算

竞争优势评估

（2）买入策略：

低估区域分批建仓

催化剂等待

逆向买入勇气

（3）持有管理：

定期基本面复查

估值区间跟踪

卖出条件明确

建议：建立价值投资检查清单。

方法 3：套利策略严谨设计。

提问："如何严谨设计套利策略？"

DeepSeek 回复：

严谨设计流程：

（1）机会识别：

价差来源分析

可持续性评估

市场无效原因

（2）策略设计：

执行路径规划

对冲方案制订

成本精确计算

（3）风险管理：

价差扩大应对

流动性风险防范

模型风险控制

建议：小规模实盘测试。

 总结

构建专业的市场分析体系

◆ **市场整体**：建立全面的市场评估框架，把握整体方向和情绪。

◆ **板块轮动**：系统分析板块表现，识别风格转换信号。

◆ **个股机会**：多维度深入研究，挖掘优质投资标的。

◆ **投资策略**：基于分析结果，制订系统化的应对策略。

DeepSeek 的辅助价值

（1）提供专业的分析框架和方法论。
（2）建议关键指标和分析工具。
（3）帮助建立系统化的研究流程。
（4）提供数据分析和管理模板。
（5）辅助进行决策优化。

⊃ 下一步预告

　　下一节将详解"DeepSeek 教你跟着主力炒股"，手把手教你用 DeepSeek 构建"主力行为雷达"，在主力操纵的迷局中精准捕捉跟庄时机，实现从"被收割"到"共舞"的认知跨越。

▶ 7.3　DeepSeek 教你跟着主力炒股

　　炒股如同参与一场精密狩猎，主力是经验丰富的猎手，散户需学会从脚印、风向、猎物轨迹中捕捉蛛丝马迹。这节将用 DeepSeek 解码主力的"行为密码"，从量价异动、资金流向到市场心理，构建系统化的跟庄策略，既不盲目冲锋，也不错失良机。

◉ 第一步：用 DeepSeek 识别主力"建仓痕迹"——从沉默中听见脚步声

核心功能： 通过历史数据回溯与模式匹配，识别主力底部布局的隐蔽信号。

⊃ 量能阶梯式攀升

1. 深度操作指南

数据提取：上传某股半年期日 K 线图，输入指令："统计每日成交量与价格波动率"。

2. 模式分析

DeepSeek 输出："近 3 个月出现 5 次'红三兵'形态，每次伴随成交量递增 20%～30%，股价波动率从 3% 降至 1.5%，呈现'锁仓吸筹'特征。"

3. 交叉验证

追问："如何区分主力建仓与散户跟风？"

DeepSeek 回复："对比同期融资余额变化：若融资买入占比 < 15%，且大宗交易溢价成交超 5000 万元，大概率为主力行为。"

➲ 股东名单的隐秘变化

实战案例

✧ 现象：某中小盘股股价横盘 6 个月，股东人数从 8 万人骤降至 4.2 万人。

操作：上传最新季报股东名册。

输入指令："标记新进机构与减持散户"。

DeepSeek 分析："十大流通股东新增 3 家私募基金，合计持股 12%，散户占比从 65% 降至 48%"。

✧ 结论："主力低调吸筹完成，进入拉升倒计时。"

🕵 第二步：用 DeepSeek 拆解主力"洗盘套路"——迷雾中的生存法则

核心功能：通过形态学分析与市场情绪对比，穿透洗盘的伪装层。

➲ 技术性破位与快速修复

1. 防坑策略

场景：股价跌破 60 日均线，引发恐慌抛售。

2. 验证流程

上传分时图与筹码分布图，**提问**："是否为假破位？"

DeepSeek 解析："破位当日成交量仅为主力持仓量的 1/10。筹码峰仍集中在当前价位，未出现大规模转移。"

结论："主力刻意制造恐慌，3 日内有望反弹收复失地。"

➲ 消息面"狼来了"战术

深度案例

◇ 事件：公司突遭"财务造假"传闻，股价单日暴跌 12%。

操作：上传近 5 年财报与审计报告。

输入指令："提取关键财务指标连续性"。

DeepSeek 发现：应收账款周转率、毛利率等核心指标波动 ＜ ±5%，无异常偏离。

深层追问："是否存在关联方操控舆论？"

DeepSeek 关联舆情数据："爆料账号历史发帖中，87% 涉及小盘
◇ 股做空，疑似专业黑嘴。"

第三步：用 DeepSeek 捕捉主力"拉升信号"——乘风而起的精准时机

核心功能：通过多维度数据耦合，确认主力启动主升浪的核心标志。

➲ 量价突破的"黄金三角"

1. 量化模型

条件筛选：

股价突破一年内最高点。

突破日成交量＞过去 20 日均量 2 倍。

MACD 双线站上零轴且红柱持续放大。

2. DeepSeek 验证

输入某股突破数据，生成"历史相似形态胜率表"：近 3 年 23 次同类信号，19 次实现 20%+ 涨幅。

3. 策略优化

"若突破后 3 日收盘价始终高于关键位，加仓至总仓位 50%。"

➲ 板块轮动中的"旗手效应"

联动分析框架

◇ 现象：某新能源股涨停后，产业链上下游 5 支个股跟涨超 7%。

操作，输入指令："绘制该板块资金流入热力图与机构调研频次图"。

DeepSeek 输出："龙头股获 18 家机构集中调研，板块融资余额周增幅达 35%"。

◇ 结论："主力以点带面激活板块，第二梯队补涨潜力最大。"

☠ 第四步：用 DeepSeek 警惕主力"出货陷阱"——悬崖边的清醒认知

核心功能：通过异常数据溯源与利益链分析，揭开主力撤退的伪装。

➲ 对倒拉升的"虚假繁荣"

1. 风险解码

提问："涨停板反复打开是否危险？"

2. DeepSeek 拆解

分时逐笔数据：涨停封单中 70% 为同一券商席位挂单。

大宗交易追踪：次日折价 8% 成交 200 万股，接盘方为关联营业部。

结论："主力自买自卖诱多，短期见顶概率超 80%。"

➲ 业绩利好背后的"预期差"

深度防坑

◇ 事件：年报净利润增长 200%，股价高开低走收长阴。

操作：上传业绩预告与正式报告。

输入指令："对比分析师预测与实际情况"。

DeepSeek 发现：机构平均预期增长 240%，实际数据低于预期。

延伸分析："前十大股东中，6 家机构在财报发布前已减持 1.2%

◇ 股份。"

第五步：用 DeepSeek 制订"跟庄策略"——与主力共舞的节奏

核心功能：通过行为模式库与风险参数设定，构建科学跟庄体系。

➲ 三阶段仓位模型

三阶段仓位模型内容见下表。

阶段	信号特征	仓位	止盈止损规则
建仓期	周线 MACD 金叉＋股东数锐减	20%～30%	跌破建仓成本区 5% 止损
主升期	日线跳空缺口＋板块强度 TOP3	50%～70%	跌破 10 日均线减半，破 20 日清仓
出货期	高位长上影＋大宗折价成交	0%	彻底规避，宁可错过

➲ 主力行为模式库

DeepSeek 数据应用

输入指令："导出近 3 年牛股的主力运作时间轴。"

DeepSeek 生成《主力标准操作手册》：

平均建仓周期：126 天。

典型洗盘幅度：15%～20%。

拉升期量能峰值：建仓期的 3～5 倍。

出货期换手率：日均＞8%。

五维透视主力作战地图

◆ 察痕迹：股东名册变动＋量能阶梯增长＝主力入场。

◆ 破迷雾：假破位＋利空测试＝洗盘尾声。

◆ 捕战机：黄金三角突破＋板块共振＝主升起点。

◆ 避深渊：对倒放量＋利好兑现＝撤退信号。

◆ 控节奏：三阶段模型＋行为模式库＝科学跟庄。

⊃ 小贴士

DeepSeek 的辅助价值

（1）提供主力行为分析的文本框架。
（2）生成量价联动的历史对比图表。
（3）标注股东变动的关键数据节点。
（4）输出板块联动的资金分布图谱。
（5）整理经典案例的操作要点清单。

⊃ 下一步预告

第 8 章将进入"深度解读：DeepSeek 与炒股的亲密关系"，DeepSeek 将持续助力投资者从海量信息中提炼关键决策依据，让复杂问题变得清晰可操作。

深度解读：
DeepSeek 与炒股的亲密关系

　　炒股如同学一门新语言，满屏的"金叉""北向""ST"就像异国街头的陌生路牌，看得见却读不懂。这节我们通过向 DeepSeek 提问"100 个炒股常见术语"，得到了下面这些答案。让我们从此看研报不再云里雾里，听消息不再"对牛弹琴"，真正实现与市场的"无障碍对话"。

一、基础操作类

⮞ 买入 / 卖出

大白话：花钱买股票叫"买入"，把股票换成钱叫"卖出"。

例子：你看好茅台，花 2000 元买 1 股就是"买入"；涨到 2500 元卖掉就是"卖出"。

⮞ 涨停板 / 跌停板

大白话：一天内股价最多涨多少（涨停）或跌多少（跌停）。

A 股规则：普通股涨跌停 ±10%，科创板 / 创业板 ±20%。

⮞ 抄底

大白话：股价跌到很低时买入，等着反弹赚钱。

风险：你以为的底可能是"半山腰"，抄底变"接飞刀"。

⮞ 割肉

大白话：亏钱卖出股票，就像从身上割肉一样心疼。

例子：10 元买的股票跌到 7 元，怕继续跌，咬牙卖掉就是"割肉"。

⮞ 套牢

大白话：买了股票一直跌，卖出去就亏钱，只能拿着等解套。

吐槽："一买就跌，一卖就涨，永远被套。"

⮕ 解套

大白话：被套牢的股票终于涨回成本价，可以平本卖出。

愿望：每个股民最期待的时刻！

⮕ 补仓

大白话：被套后继续加钱买同一只股票，拉低成本价。

风险：越补越跌，最后变成"重仓被套"。

⮕ 满仓 / 空仓

大白话：满仓 = 所有钱都买了股票；空仓 = 手里全是现金没股票。

段子：满仓跌到怀疑人生，空仓涨到拍断大腿。

⮕ 轻仓 / 重仓

大白话：轻仓 = 少量买；重仓 = 大部分钱押注一支股票。

忠告：别把鸡蛋放一个篮子，重仓踩雷可能血本无归。

⮕ 止盈 / 止损

大白话：止盈 = 赚钱了赶紧跑；止损 = 亏到一定金额认赔离场。

口诀："会买的是徒弟，会卖的才是师傅。"

二、市场角色类

⮕ 庄家

大白话：手里有大量资金，能影响股价涨跌的大户或机构。

特征：经常"拉升股价"吸引散户跟风，然后偷偷出货。

⮕ 散户

大白话：像你我这样钱少人多的普通股民。

特点：容易跟风、情绪化，常被调侃为"韭菜"。

⮕ 游资

大白话：短期炒作热点股票的神秘资金，快进快出。

标志：哪个股票突然连续涨停，可能就是游资的手笔。

➲ 主力

大白话：和庄家差不多，指能控制股价的大资金。

套路："吸筹→洗盘→拉升→出货"，循环往复。

➲ 机构

大白话：公募基金、私募基金、保险公司等专业投资公司。

优势：钱多、信息快，散户常跟着机构买卖。

➲ 北向资金

大白话：从香港股市流入 A 股的外资，俗称"聪明钱"。

作用：北向资金连续买入，可能预示行情要来。

➲ 国家队

大白话：政府背景的资金（如社保基金），股市大跌时会护盘。

标志：银行股、券商股突然大涨，可能是国家队出手。

➲ 大户/中户/小户

大白话：按资金量分等级，大户（百万级）、中户（几十万）、小户（几万）。

真相：在庄家眼里，全是"小散"。

➲ 黑嘴

大白话：收钱忽悠散户接盘的"专家"或自媒体。

套路："推荐必涨牛股！"——其实庄家早就埋伏好了。

➲ 韭菜

大白话：指反复亏钱又不长记性的散户。

特征：追涨杀跌，总觉得自己能"暴富"。

三、行情分析类

➲ K 线图

大白话：用红绿柱子表示股价涨跌的图形，一根柱子代表一天。

口诀：红涨绿跌，上影线是最高价，下影线是最低价。

➲ 均线

大白话：股价的平均值连成的线，比如 5 日均线 = 最近 5 天平均价。

用法：股价在均线上方算强势，跌破均线可能转弱。

➲ 成交量

大白话：一天内买卖股票的总数量，成交量大说明关注度高。

规律：股价涨 + 成交量大 = 可能继续涨；股价跌 + 成交量大 = 可能还要跌。

➲ 放量 / 缩量

大白话：放量 = 成交量突然变大；缩量 = 成交量变小。

例子：涨停时放量，可能是主力出货；下跌时缩量，可能跌不动了。

➲ 金叉 / 死叉

大白话：金叉 = 短期均线上穿长期均线（看涨）；死叉反过来（看跌）。

注意：金叉死叉会滞后，别盲目跟！

➲ MACD

大白话：用红绿柱子判断涨跌趋势的技术指标。

口诀：红柱子变长 = 上涨动力强；绿柱子变长 = 下跌动力强。

➲ 市盈率（PE）

大白话：股价除以每股收益，越低说明股票越"便宜"。

例子：股价 20 元，每股赚 2 元，PE 就是 10 倍。

➲ 市净率（PB）

大白话：股价除以每股净资产，适合评估银行、钢铁等重资产公司。

规律：PB<1 可能被低估，但也可能是公司太差没人要。

➲ 支撑位 / 压力位

大白话：支撑位 = 股价跌到这里容易反弹；压力位 = 股价涨到这里容易回调。

画法：前期低点是支撑，前期高点是压力。

➲ 突破

大白话：股价涨过压力位或跌破支撑位，可能开启新趋势。

陷阱：假突破很常见，得看成交量是否配合。

四、操作策略类

➲ 高抛低吸

大白话：涨高了卖掉，跌多了买回来，反复赚差价。

难点：你以为的"高"和"低"，可能只是半山腰。

➲ 追涨杀跌

大白话：涨了赶紧买，跌了赶紧卖，散户常见操作。

结果：经常买在山顶，卖在谷底。

➲ 波段操作

大白话：不做长线，只做几周或几个月的上涨波段。

要求：会看趋势，能忍住不天天操作。

➲ 长线持有

大白话：买了股票拿几年，不管中间涨跌。

适合：好公司 + 耐心，比如茅台十年涨了几十倍。

➲ 短线炒作

大白话：今天买明天卖，赚快钱。

风险：手续费高，容易被套。

➲ 跟庄

大白话：盯着庄家动向，庄家买我就买，庄家卖我就卖。

难题：庄家的动向你根本看不懂！

➲ 打板

大白话：专门买涨停板的股票，赌第二天继续涨。

刺激：一天赚 10%，也可能一天亏 20%。

⮑ 埋伏

大白话：提前买入可能有利好消息的股票，等消息公布后卖出。

风险：消息可能延后，也可能根本就是假的。

⮑ 止跌反弹

大白话：股价跌多了开始上涨，可能是一波机会。

信号：成交量缩到极致，突然放量大涨。

⮑ 利好 / 利空

大白话：利好 = 好消息（股价涨）；利空 = 坏消息（股价跌）。

真相：利好出尽是利空，利空出尽是利好。

五、公司基本面类

⮑ 业绩

大白话：公司赚不赚钱，财报里的收入和利润就是业绩。

例子：茅台业绩好 = 每年利润几百亿元；ST 股业绩差 = 连续亏损。

⮑ 分红

大白话：公司把赚的钱分给股东，比如 10 股分 5 元。

提醒：分红后会"除息"，股价会扣掉分红金额，不是白送钱。

⮑ 送股 / 转股

大白话：送股 = 白送股票（10 送 5，10 股变 15 股）；转股 = 公积金转成股票。

真相：股票变多，但股价会按比例下调，总市值不变。

⮑ 配股

大白话：公司强行让老股东掏钱买新股，不买就亏钱。

吐槽：配股就像"绑架"，股东只能交钱或割肉。

➲ 增发

大白话：公司新发股票融资，可能稀释老股东的股份。

影响：增发价低会打压股价，增发价高可能利好。

➲ ST/*ST

大白话：ST= 连续两年亏损，有退市风险；*ST= 马上要退市。

忠告：新手别碰，赌重组翻身不如买彩票。

➲ 退市

大白话：股票从交易所消失，可能血本无归。

常见原因：业绩差、造假、股价低于 1 元。

➲ 壳资源

大白话：快退市的垃圾公司，被其他公司借来上市。

玩法：赌有人"借壳"，乌鸡变凤凰。

➲ 市值

大白话：公司总价值 = 股价 × 总股本。

例子：股价 10 元，总股本 1 亿股，市值就是 10 亿元。

➲ 净资产

大白话：公司总资产减去负债，相当于家底厚不厚。

口诀：PB（市净率）= 股价 ÷ 每股净资产，PB 低可能便宜。

六、交易心理类

➲ 踏空

大白话：股价涨了但自己没买，后悔得拍大腿。

心态："宁可套牢，不愿踏空"——散户常见错误。

➲ 卖飞

大白话：股票刚卖就暴涨，感觉自己亏了一个亿。

例子：选择 100 元卖了茅台，结果最后涨到了 2000 元。

➦ 恐慌盘

大白话：大跌时散户害怕，疯狂抛售的卖单。

机会：恐慌盘砸出的低点，可能是抄底时机。

➦ 贪婪 / 恐惧

大白话：涨了还想涨（贪婪），跌了不敢买（恐惧）。

巴菲特名言："别人恐惧我贪婪，别人贪婪我恐惧。"

➦ 装死

大白话：被套后不管涨跌，死活不卖，躺平等待。

结果：可能等来解套，也可能越套越深。

➦ 回本

大白话：亏的钱终于赚回来了，发誓再也不炒股。

真相：多数人回本后继续炒，再次被套。

➦ 割肉不疼

大白话：亏太多反而麻木，割肉时毫无感觉。

阶段：从"心疼割肉"到"割肉如呼吸般自然"。

➦ 一阳改三观

大白话：一根大阳线就让散户从看空变看多。

调侃："三根阳线改变信仰。"

➦ 听消息炒股

大白话：靠小道消息买股票，结果总成接盘侠。

真相：你能听到的消息，主力早就出货了。

➦ 后悔药

大白话：幻想能回到过去重新操作，实际根本不存在。

建议：做好交易计划，别总想着"如果当初"。

七、技术分析类

➲ 缺口

大白话：今天最低价比昨天最高价还高，形成跳空上涨缺口（反之是下跌缺口）。

规律：缺口可能被回补，强势股缺口不回补。

➲ 金针探底

大白话：K 线有长下影线，像根针扎到底部，可能止跌反弹。

例子：股价大跌后拉回，收盘留下长下影线。

➲ 乌云盖顶

大白话：大涨后出现高开低走的大阴线，预示可能要跌。

口诀：阳线接阴线，阴线收盘跌进阳线一半。

➲ 红三兵

大白话：连续三根阳线，像三个士兵列队，可能继续涨。

注意：成交量要配合放大，否则可能是假信号。

➲ 死叉

大白话：短期均线下穿长期均线，比如 5 日均线跌破 10 日均线，看跌。

陷阱：震荡市中死叉可能失效，别盲目卖。

➲ 顶背离

大白话：股价创新高，但 MACD 或成交量没跟上，可能见顶。

例子：股价涨，MACD 红柱子却缩短。

➲ 底背离

大白话：股价创新低，但 MACD 或成交量没跟上，可能见底。

例子：股价跌，MACD 绿柱子却缩短。

➲ 放量突破

大白话：股价涨过压力位，同时成交量暴增，真突破概率大。

口诀：突破没量就是耍流氓。

⮕ 缩量调整

大白话：股价下跌但成交量小，说明抛压轻，可能跌不动。

例子：上涨趋势中缩量回踩均线，可能是买点。

⮕ 横盘震荡

大白话：股价在一个区间内来回波动，不上不下。

策略：高抛低吸，但别贪心。

八、市场现象类

⮕ 牛市 / 熊市

大白话：牛市 = 持续上涨，闭眼买都赚；熊市 = 持续下跌，怎么买都亏。

周期：牛短熊长，A 股平均 5 ～ 7 年一轮牛市。

⮕ 股灾

大白话：股市突然崩盘，千股跌停，账户腰斩。

历史：2015 年杠杆牛崩盘，2016 年熔断危机。

⮕ 慢牛 / 疯牛

大白话：慢牛 = 慢慢涨，健康；疯牛 = 暴涨暴跌，最后一地鸡毛。

监管：疯牛时官方常发风险提示，慢牛是理想状态。

⮕ 黑天鹅

大白话：突然发生的极端利空，比如战争、疫情、政策突变。

例子：2020 年新冠疫情全球股市暴跌。

⮕ 灰犀牛

大白话：明显存在但被忽视的大风险，比如高债务、泡沫。

提醒：灰犀牛比黑天鹅更可怕，因为人们总视而不见。

➲ 闪崩

大白话：股价几分钟内暴跌，可能是庄家出货或机构踩踏。

特征：分时图直线跳水，散户根本来不及卖。

➲ 地天板

大白话：从跌停拉到涨停，一天赚 20%（科创板 40%）。

刺激：散户眼红，但多是主力自救，别轻易追。

➲ 天地板

大白话：从涨停砸到跌停，一天亏 20%（科创板 40%）。

结果：高位追涨的散户一天血亏。

➲ 护盘

大白话：大盘暴跌时，国家队或机构买入权重股稳定指数。

标志：银行、券商股突然拉升。

➲ 砸盘

大白话：大资金疯狂卖出，导致股价暴跌。

目的：打压股价吸筹，或恐慌性出逃。

九、资金与仓位类

➲ 杠杆

大白话：借钱炒股，赚得快亏得也快。

工具：融资融券、配资（后者非法，风险极高）。

➲ 爆仓

大白话：杠杆炒股亏光本金，还倒欠券商钱。

忠告：千万别借钱炒股，爆仓可能倾家荡产。

➲ 融资融券

大白话：融资 = 借钱买股；融券 = 借股卖出（做空）。

门槛：50 万元资产 + 半年交易经验，新手别碰。

➲ 平仓

大白话：券商强制卖出你的股票还债（融资爆仓时）。

惨状：跌停板挂单卖不出，眼睁睁被强平。

➲ 浮盈 / 浮亏

大白话：浮盈 = 账上赚钱但没卖；浮亏 = 账上亏钱但没卖。

真相：浮盈可能变亏损，浮亏可能变深套。

➲ 落袋为安

大白话：把股票卖了变成现金，赚的钱才算真赚。

提醒：别贪心，没人能永远卖在最高点。

➲ 仓位管理

大白话：合理分配资金，别一次梭哈。

策略：牛市重仓，熊市轻仓，震荡市半仓。

➲ 梭哈

大白话：所有钱押注一支股票，赢了盆满钵满，输了倾家荡产。

警告：九成梭哈的人最后亏光。

➲ 调仓换股

大白话：卖掉表现差的股票，换成看好的新股票。

关键：别频繁操作，手续费都能拖垮收益。

➲ 子弹

大白话：指账户里的可用资金，留着补仓或抄底。

口诀：永远别打光子弹，留点钱应对意外。

十、杂项与黑话

➲ 吃肉 / 吃面

大白话：吃肉 = 赚钱；吃面 = 亏钱（源自关灯吃面的梗）。

段子："今天你吃肉了吗？""不，我在吃土。"

⊃ 关灯吃面

大白话：形容亏到不想开灯，默默流泪吃泡面。

起源：2011 年重庆啤酒连续跌停，股民发帖"一边吃面一边哭"。

⊃ 内卷

大白话：机构互相砸盘，游资互割，散户被卷成渣。

现状：量化基金加入后，内卷更严重。

⊃ 格局

大白话：忍住不卖，等待更大涨幅。

反讽："格局到最后，套牢成股东。"

⊃ 主力出货

大白话：庄家偷偷卖股票，散户还以为是洗盘。

信号：高位放巨量、利好消息不断但股价不涨。

⊃ 老鼠仓

大白话：基金经理用亲戚账户提前买入，坑害基民。

后果：违法被抓，罚款坐牢。

⊃ 抬轿子

大白话：散户追高买入，帮主力拉高股价，方便主力出货。

自嘲："我是主力最喜欢的轿夫。"

⊃ 对倒

大白话：主力自己买卖制造虚假成交量，吸引散户跟风。

识别：分时图突然出现密集大单，但股价不动。

⊃ 盘感

大白话：炒股久了形成的直觉，说不清但有时很准。

真相：盘感 = 经验 + 运气，不能当饭吃。

⊃ 悟道

大白话：散户幻想找到"必胜秘籍"，从此稳定盈利。

现实：股市没有圣杯，控制风险比悟道更重要。

总结

投资市场专治各种不服，活得久才是王道。

⊃ 小贴士

DeepSeek 的辅助价值

（1）股市术语就像方言，用多了自然熟。

（2）别被专业词汇吓到，本质都是"低买高卖"。

（3）术语只是工具，赚钱还得靠认知和纪律。

（4）别迷信任何"战法"，多学习、少操作。

（5）市场永远是对的，错了就认，别和趋势作对。

⊃ 下一步预告

下一节将挖掘"DeepSeek 归类的 100 个炒股提问模板"。通过提问模板会发现，DeepSeek 能轻松帮你快速理清思路、计算关键数据、解读市场规律。

▶ 8.2 DeepSeek 归类的 100 个炒股提问模板

在股市的考场里，会提问的人总能先找到答案。本节，我们总结出用 DeepSeek 炒股的 100 个"灵魂拷问"，覆盖选股、交易、风控全场景，像瑞士军刀般精准切开投资迷雾，助你高效决策。从此告别"一涨就慌，一跌就蒙"，让每个决策都有逻辑可循、有数据可依。

一、基础计算类

⊃ 计算涨停收益

指令：如果一只股票连续 10 个涨停板，初始价格 10 元，最终价格是多少？列出计算公式。

用途：快速估算涨停复利效应。

⊃ 翻倍所需涨停数

指令：股价从 20 元涨到 40 元需要多少个涨停板？（按 A 股 10% 涨停幅度计算）

用途：明确收益目标对应的操作周期。

⊃ 跌停亏损计算

指令：10 万元本金，若连续 3 天跌停，剩余本金是多少？

用途：警示满仓高风险股的后果。

⊃ 手续费对比

指令：买卖 1 万股单价 50 元的股票，对比不同券商佣金（万分之 2.5 vs 万分之 1）的总手续费差异。

用途：选择低成本交易渠道。

⊃ 分红税计算

指令：持有某股 1000 股，每股分红 1 元，持有 1 个月后卖出，实际到手分红金额是多少？

用途：避免分红扣税误区。

⊃ 市盈率估算

指令：某公司股价 30 元，每股收益 2 元，计算其市盈率并说明是否高于行业平均水平。

用途：初步判断估值高低。

⊃ 复权价格换算

指令：某股票现价 25 元，过去 3 年每 10 股送 5 股并分红 3 元，计算复权后的实际成本价。

用途：还原真实 K 线走势。

⊃ 杠杆亏损模拟

指令：用 2 倍杠杆买入 10 万元股票，若股价下跌 15%，实际亏损金额是多少？

用途：量化杠杆风险。

➲ 打新市值门槛

指令：沪深两市新股申购分别需要多少日均持仓市值？举例说明如何分配 20 万元资金满足双市打新要求。

用途：提升打新中签率。

➲ 换手率含义

指令：某股当日换手率 8%，流通股本 1 亿股，计算成交股数并判断是否出现资金异动。

用途：识别主力资金动向。

二、买卖策略类

➲ 涨停股次日操作

指令：某股昨日涨停且封单量大，今日高开 5% 是否值得追入？列出 3 种常见走势及应对策略。

用途：避免盲目追涨被套。

➲ 跌停板抄底条件

指令：连续 2 个跌停的股票，如何通过量比、资金流向判断是否具备超跌反弹机会？

用途：挖掘错杀股机会。

➲ 缺口回补概率

指令：某股跳空高开留下缺口，历史数据中类似缺口有多少比例会在 5 日内回补？

用途：制订波段操作计划。

➲ 尾盘买入技巧

指令：尾盘最后 5 分钟选股，需要满足哪些技术指标（如量能、涨幅、均线）？

用途：降低隔夜持仓风险。

➲ 涨停板封单分析

指令：某股涨停时封单量为 10 万手，占流通盘比例多少？封单量与次日表现的关系如何？

用途：预判涨停持续性。

➲ 止损点设定方法

指令：成本价 50 元的股票，采用"跌破 5 日均线止损"和"固定 7% 止损"哪种更适合短线？

用途：控制单笔交易最大亏损。

➲ 分批建仓策略

指令：计划买入某股 10 万元，设计"334"（30%+30%+40%）分批建仓的价格触发条件。

用途：摊薄成本，减少择时压力。

➲ 逆市股筛选条件

指令：大盘下跌时，如何筛选出近期抗跌且量能温和放大的个股？列出 3 个关键指标。

用途：发现潜在强势股。

➲ 次新股开板策略

指令：新股上市连续 10 个涨停后开板，如何通过换手率和机构席位判断是否值得介入？

用途：参与次新股博弈。

➲ 跟庄操作信号

指令：某股出现"缩量回调至 20 日均线"+"大单突然流入"现象，是否代表主力洗盘结束？

用途：捕捉主力资金动向。

三、技术分析类

➡ MACD 金叉验证

指令：MACD 出现金叉但股价未涨，如何通过成交量判断信号有效性？

用途：过滤虚假技术信号。

➡ KDJ 超卖反弹

指令：KDJ 指标中 J 值连续 3 天低于 0，历史数据中后续 3 日反弹概率有多大？

用途：短线抄底参考。

➡ 均线多头排列

指令：5 日、10 日、30 日均线呈多头排列的股票，未来 1 个月跑赢大盘的概率是多少？

用途：顺势而为选股。

➡ 量价背离预警

指令：股价创新高但成交量萎缩，这种情况后续下跌的概率有多大？举例说明典型案例。

用途：提前识别趋势反转。

➡ BOLL 通道应用

指令：股价触及 BOLL 上轨时，结合 RSI 指标判断是否超买，列出具体参数设置。

用途：把握高抛时机。

➡ 筹码峰转移

指令：某股低位筹码峰集中度达 70%，上方套牢盘减少 20%，是否代表主力吸筹完成？

用途：分析主力持仓成本。

➡ 分时图双底形态

指令：早盘分时图出现双底形态且量能配合，午后拉升的概率如何？

用途：日内 T+0 操作依据。

➲ EXPMA 趋势判断

指令：EXPMA12 日线上穿 50 日线，但周线仍处于空头排列，应以哪个周期为准？

用途：解决多周期矛盾。

➲ 波浪理论数浪

指令：当前股价处于上升 3 浪中的哪个子浪？画出理想波浪结构并标注关键点位。

用途：中长线趋势预判。

➲ 成交量与换手率

指令：某股当日换手率 15%，成交量是前 5 日均量的 3 倍，属于主力出货还是吸筹？

用途：量能定性分析。

四、风险规避类

➲ ST 股摘帽条件

指令：某 ST 股票要摘帽，需要满足哪些财务指标？列出近两年成功摘帽案例。

用途：避免退市股陷阱。

➲ 质押爆仓预警

指令：某大股东质押率达 80%，若股价下跌，跌多少会触发平仓？计算其质押警戒线。

用途：规避闪崩风险。

➲ 解禁股影响评估

指令：某股下月有占总股本 30% 的解禁，解禁前 1 个月股价平均跌幅是多少？

用途：提前回避解禁冲击。

⮕ 财务造假红灯

指令：通过应收账款增长率、毛利率异常等指标，列出 3 个识别财务造假的简易方法。

用途：排雷基本面问题股。

⮕ 庄股特征识别

指令：分时图出现"心电图走势"或"夹板单"，是否代表被高度控盘？举例说明典型庄股形态。

用途：远离人为操纵品种。

⮕ "黑天鹅"事件复盘

指令：分析某公司因突发利空连续跌停时，散户如何通过龙虎榜判断资金出逃力度？

用途：紧急情况应对策略。

⮕ 杠杆强平模拟

指令：融资账户维持担保比例低于 130% 时，需追加多少保证金才能避免强平？（举例计算）

用途：警示杠杆交易风险。

⮕ 盘口语言解读

指令：卖一挂 999 手大单，买一挂 1 手单，这种盘口传递什么信号？
用途：识破主力诱多 / 诱空手法。

⮕ 大宗交易影响

指令：某股出现折价 10% 的大宗交易，后续 30 日股价平均表现如何？
用途：评估大宗交易信号。

⮕ 股东增减持分析

指令：大股东公告拟减持 2% 股份，历史数据显示此类公告后股价平均跌幅是多少？

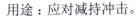

用途：应对减持冲击。

五、资讯解读类

➲ 业绩预告速读

指令：某公司预告年报净利润增长 50% ～ 70%，如何计算实际业绩中值对应的市盈率？

用途：快速评估利好程度。

➲ 政策利好匹配

指令："'十四五'规划重点支持半导体行业"政策发布后，相关板块龙头股平均上涨周期有多久？

用途：把握政策红利窗口期。

➲ 机构评级转化率

指令：某股获 3 家机构"买入"评级，统计过去一年机构推荐后 1 个月内的上涨概率。

用途：理性看待研报推荐。

➲ 龙虎榜席位分析

指令：某股龙虎榜显示"机构专用席位净买入 1 亿元"，如何查询该席位近期操作成功率？

用途：跟踪主力资金动向。

➲ 外资流向关联性

指令：北向资金连续 3 日净买入某股，后续 1 周内跑赢大盘的概率是多少？

用途：借力外资选股逻辑。

➲ 行业景气度判断

指令：通过光伏企业的新签订单量、库存周转率等指标，判断行业是否进入高景气周期。

用途：把握赛道投资机会。

➲ 重组预案评估

指令：某公司公告拟收购新能源汽车资产，历史上类似重组成功案例的股价平均涨幅是多少？

用途：参与事件驱动交易。

➲ 高送转潜力筛选

指令：筛选每股未分配利润＞2元、资本公积＞3元且总股本＜5亿股的股票，列出前十名。

用途：潜伏高送转预期股。

➲ 回购计划影响

指令：某公司宣布回购5%股份，历史数据显示回购实施期间股价平均表现如何？

用途：利用公司自救信号。

➲ 股权激励解锁

指令：员工持股计划解禁期临近，如何通过成本价与现价的关系判断抛压风险？

用途：规避解禁砸盘风险。

六、心理博弈类

➲ 恐慌抛售识别

指令：某股突发利空大跌8%，如何通过分时成交量判断是散户恐慌抛售还是主力借机洗盘？

用途：避免情绪化割肉。

➲ 贪婪信号捕捉

指令：当市场出现"人人谈股""新股民开户激增"现象时，历史数据显示后续1个月内回调概率有多大？

用途：逆向判断顶部区域。

● **止损心理建设**

指令：列出 3 种克服"亏损不愿割肉"心态的方法，如"预期管理法""分批止损法"。

用途：强化纪律性操作。

● **追涨心理陷阱**

指令：某股盘中急涨 7% 时，如何通过换手率和封单量判断是否为诱多陷阱？

用途：克制盲目跟风冲动。

● **解套策略选择**

指令：持仓亏损 20% 的股票，对比"补仓摊薄成本"与"换强势股回本"两种策略的成功率。

用途：理性处理深套局面。

● **消息面情绪传导**

指令：某行业突发政策利好，如何通过涨停股数量占比判断市场反应是否过热？

用途：避免利好兑现后接盘。

● **盘口挂单心理战**

指令：买一档突现 888 手大单后又迅速撤单，这种行为通常暗示什么意图？

用途：识别主力虚假挂单。

● **逆人性操作训练**

指令：设计"大跌时选抗跌股，连涨时减仓"的逆向操作清单，列出 5 个执行标准。

用途：培养反群体思维。

● **回本执念量化**

指令：若某股从 100 元跌至 50 元，需要上涨多少才能回本？计算并对比死守与换股策略的效率差异。

用途：破除"必须回本"心理魔咒。

➲ 舆论噪声过滤

指令：当某股股吧出现大量唱多帖时，如何通过股东人数变化验证是否存在主力出货？

用途：警惕舆论操控。

七、周期规律类

➲ 月末效应验证

指令：统计 A 股过去 5 年每月最后 3 个交易日的上涨概率，并分析资金流动规律。

用途：把握周期性窗口。

➲ 节日行情规律

指令：春节前 10 个交易日消费股跑赢科技股的概率是多少？列举近三年数据。

用途：布局节前热点。

➲ 季度末调仓规律

指令：基金季度末排名战期间，哪些类型的股票更容易出现异动？列出 3 个特征。

用途：搭便车策略。

➲ 美联储议息影响

指令：美联储加息周期中，A 股哪些板块通常表现较好？用历史数据说明相关性。

用途：预判宏观周期联动。

➲ 年报披露时段

指令：3—4 月年报密集期，如何通过预披露时间表筛选可能超预期的个股？

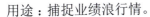

用途：捕捉业绩浪行情。

⊃ **行业轮动周期**

指令：用"美林时钟"模型分析当前经济阶段，对应哪些行业板块值得重点关注？

用途：把握经济周期轮动。

⊃ **新股破发规律**

指令：统计注册制实施后，发行市盈率超过行业均值 50% 的新股首月破发概率。

用途：规避高价新股风险。

⊃ **解禁周期预警**

指令：某股限售股解禁后，通常在解禁日后多少个交易日出现最大跌幅？

用途：精准规避解禁冲击。

⊃ **北向资金周规律**

指令：北向资金在每周五净流入 / 流出是否有显著规律？分析近两年数据。

用途：预判外资短期行为。

⊃ **技术指标周期适配**

指令：MACD 参数从（12,26,9）调整为（6,13,5）后，更适合捕捉哪种周期行情？

用途：匹配操作风格。

八、盘后复盘类

⊃ **涨停股归类分析**

指令：将当日涨停股按"连板数""行业属性""市值规模"分类，统计资金偏好。

用途：锁定主线热点。

⮕ **龙虎榜溢价统计**

指令：对比机构席位买入的股票与游资席位买入的股票次日平均溢价率差异。

用途：制订次日套利策略。

⮕ **主力资金流向**

指令：筛选当日主力净流入超 1 亿元且股价涨幅低于 3% 的个股，列出名单并分析逻辑。

用途：挖掘潜在补涨股。

⮕ **量比异常筛选**

指令：找出当日量比大于 5 倍且未涨停的股票，结合 K 线位置判断突破可能性。

用途：捕捉异动先兆。

⮕ **跌停股风险溯源**

指令：分析当日跌停股的共同特征（如高质押率、解禁临近、业绩下滑等）。

用途：建立风险过滤清单。

⮕ **板块强度排名**

指令：按行业板块涨幅排序,计算前 3 名板块的 5 日资金持续流入情况。

用途：确认行情持续性。

⮕ **炸板股次日表现**

指令：统计当日涨停后炸板的股票，次日低开高走的概率及量能条件。

用途：制订反包策略。

⮕ **大宗交易溢价分析**

指令：筛选当日溢价率超过 3% 的大宗交易个股，分析其基本面是否有潜在利好。

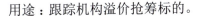

用途：跟踪机构溢价抢筹标的。

➲ **融资余额变化**

指令：对比融资余额增幅前 10 名与股价涨幅的匹配度，判断是否存在杠杆资金推动行情。

用途：识别杠杆助涨风险。

➲ **关键价位突破**

指令：标记当日收盘价突破半年线的个股，筛选其中量能温和放大的品种。

用途：确认中期趋势反转。

九、资金管理类

➲ **仓位动态平衡**

指令：初始仓位 50%，若持仓盈利 20%，如何按"市值恒定法"调整至新仓位？

用途：实现收益锁定。

➲ **风险预算分配**

指令：总资金 100 万元，单支股票最大亏损不超过总资金 2%，计算每支股票最大可投入金额。

用途：控制单品种风险敞口。

➲ **盈利加仓策略**

指令：某股首仓盈利 10% 后，设计"金字塔加仓法"的具体比例和价格触发条件。

用途：扩大正确头寸。

➲ **黑天鹅准备金**

指令：建议从总资金中预留多少比例作为极端行情应急金？举例说明使用场景。

用途：应对突发系统性风险。

➲ 杠杆比例测算

指令：若账户最大承受亏损为 30%，使用 2 倍杠杆时允许个股最大跌幅是多少？

用途：量化杠杆安全边界。

➲ 现金流管理法

指令：每月定投 1 万元，如何根据大盘市盈率分档调整投入金额（如 PE<15 加倍投入）？

用途：实现低位多投。

➲ 收益再投资规则

指令：盈利部分按"50% 提取 +50% 复投"策略，计算复利效应下的年化收益差异。

用途：平衡消费与增值需求。

➲ 跨市场对冲配置

指令：A 股持仓 80 万元，如何通过港股或基金配置 20 万元资金降低单一市场风险？

用途：构建抗波动组合。

➲ 止损额度分配

指令：10 万元账户，按"单日总亏损不超过 2%"规则，计算单笔交易最大允许止损额。

用途：防止单日巨亏。

➲ 持仓相关性检测

指令：计算持仓中 3 只股票的相关系数，若均大于 0.8，如何调整以降低风险？

用途：避免过度集中风险。

十、行业轮动类

➡ 景气度轮动指标

指令：通过 PMI、库存周期、政策导向三要素，判断当前应配置消费类还是科技类股票。

用途：捕捉行业切换节点。

➡ 防御板块筛选

指令：当大盘下跌时，食品饮料、公用事业等防御板块的超额收益概率是多少？

用途：避险调仓参考。

➡ 主题投资持续性

指令："碳中和"概念爆发后，相关板块平均持续上涨周期为多久？列举历史案例。

用途：避免题材炒作接最后一棒。

➡ 周期股择时方法

指令：通过铜价、PPI、产能利用率指标，判断有色板块的配置时机。

用途：把握周期股启动信号。

➡ 成长股估值切换

指令：当科技股 PEG 从 1.5 降至 0.8 时，结合行业增速判断是否进入击球区。

用途：左侧布局成长股。

➡ 困境反转行业

指令：筛选近两年跌幅超 40% 但近期量能复苏的行业，分析其反转逻辑。

用途：挖掘超跌反弹机会。

➡ 跨行业联动规律

指令：当原油价格大涨时，哪些 A 股细分板块（如化工、新能源）通常跟随异动？

用途：提前埋伏关联品种。

⇒ 政策驱动型机会

指令："东数西算"工程落地后，IDC、云计算等板块的受益强度排序及时间窗口。

用途：紧跟政策红利。

⇒ 消费旺季预判

指令：白酒板块在中秋节前多少天开始出现超额收益？统计近五年数据。

用途：精准把握旺季行情。

⇒ 新兴产业渗透率

指令：当新能源汽车渗透率超过 20% 时，产业链哪些环节（如充电桩、锂矿）更具投资价值？

用途：捕捉产业爆发期红利。

⇒ 小贴士

DeepSeek 的辅助价值

（1）提供问题拆解的"导航仪"——把模糊困惑变成可操作的子问题树。

（2）生成实战场景的"案例库"——还原涨停追击、破发预警等经典考题。

（3）标注决策盲区的"警示灯"——自动提示高杠杆、伪利好等风险雷区。

（4）输出策略匹配的"锦囊册"——上班族定投、老股民波段等个性方案一键调取。

（5）整理数据验证的"纠偏尺"——教你看穿"我以为"和"事实是"的认知鸿沟。

⇒ 下一步预告

下一节将详解"老股民忠告：别让 DeepSeek 替你做决定"，教你平衡 AI 建议与自主判断，成为人机协同的终极赢家。

▶ 8.3　老股民忠告：别让 DeepSeek 替你做决定

在人工智能技术快速发展的今天，DeepSeek 作为一款先进的文本处理工具，确实能够为投资者提供有价值的信息和分析支持。然而，任何工具都有其局限性，过度依赖 AI 辅助决策可能会带来意想不到的风险。本节将详细分析 DeepSeek 的实际能力边界，帮助投资者建立正确的人机协作关系，避免陷入"AI 万能论"的误区。我们将从 DeepSeek 的功能边界、真实弱点、正确使用方法等多个维度进行全面剖析，让投资者既能充分利用 AI 工具的优势，又有保持独立判断的能力。

一、DeepSeek 的真实能力边界

➲ 核心功能解析

DeepSeek 本质上是一个基于大规模语言模型的文本处理系统，其主要能力包括但不限于以下方面：

1. 文本理解和生成：能够处理和理解各类金融文本信息
2. 信息检索和整理：快速搜集和归纳相关市场信息
3. 基础数据计算：进行简单的财务指标计算和分析
4. 逻辑推理和分析：基于已有信息进行基础层面的逻辑推演

➲ 无法实现的功能

需要特别强调的是，DeepSeek 无法实现以下关键功能：

1. 实时市场监控和预警：目前不具备实时数据获取和处理能力
2. 自动交易执行：目前无法直接连接交易系统进行操作
3. 账户资金管理：目前不能进行实际的资金调配和风险管理
4. 个性化投资组合调整：目前可能缺乏对个人账户的实时跟踪能力
5. 政策信息的即时获取和解读：目前对新政策的反应可能存在滞后性

➲ 数据处理限制

DeepSeek 在金融数据分析方面存在明显局限，主要表现在：

1. 目前无法直接接入交易所实时行情数据流

2. 目前不能处理专业的结构化金融数据（如 Tick 数据、Level2 数据）

3. 目前缺乏专业的金融数据分析模块和算法

4. 历史数据更新目前存在滞后性，无法保证完全同步最新市场

二、DeepSeek 的五大真实弱点

➲ 信息时效性局限

DeepSeek 在信息时效性方面存在多重限制：

1. 目前深度思考的训练数据存在固定的截止日期（一般会提前一年半左右的时间）

2. 目前无法实时获取和响应市场最新动态变化

3. 目前对突发事件的反应速度和准确性可能有限

4. 目前政策解读主要基于历史模式，可能不适用于新的政策环境

➲ 金融专业知识深度不足

在专业金融知识应用方面，DeepSeek 存在以下不足：

1. 目前对复杂金融衍生品的理解和分析能力有限

2. 目前量化模型构建和验证的能力相对薄弱

3. 目前难以进行专业的估值建模和现金流分析

4. 目前对跨市场联动关系和传导机制把握不够深入

➲ 缺乏真实市场感知

DeepSeek 作为 AI 系统，缺乏真实的市场感知能力：

1. 目前无法真正体会和理解市场情绪的变化

2. 目前不能感知资金流动的细微变化和意图

3. 目前对市场恐慌 / 贪婪程度的判断缺乏准确性

4. 目前没有实际的交易经验积累和市场直觉

➲ 个性化适配困难

在满足个性化需求方面，DeepSeek 面临挑战：

1. 目前难以完全理解和适应投资者的风险偏好

2. 目前无法准确评估投资者的实际心理承受能力

3. 目前对个人投资风格的适应需要长期训练和调整

4. 特殊需求和复杂场景的处理目前可能能力有限

➲ 逻辑推理的局限性

在逻辑推理方面，DeepSeek 存在以下局限：

1. 复杂金融现象的因果推断目前可能不够准确

2. 多因素综合分析能力目前存在一定局限性

3. 对矛盾信息和噪声数据的处理目前不够完善

4. 极端场景下的推理目前可靠性和稳定性会下降

三、正确的人机协作方法

➲ 明确分工原则

建立清晰的人机分工是有效协作的基础：

DeepSeek 适合承担：信息整理、数据计算、基础分析等辅助性工作。

投资者应当负责：最终决策、风险控制、仓位管理等核心工作。

➲ 信息处理流程

建议建立规范的信息处理流程：

1. 首先使用 DeepSeek 进行初步信息筛选和整理

2. 对关键信息和核心数据必须进行人工复核

3. 建立多重验证机制确保信息准确性

4. 始终保持对原始数据的直接访问和核查能力

➲ 分析框架构建

构建以人为主的分析框架：

1. 以投资者自身的分析框架和逻辑为主导

2. 将 DeepSeek 定位为辅助工具而非决策主体

3. 保持分析逻辑的透明度和可解释性

4. 建立完整可追溯的决策链条和依据

➲ 决策验证机制

健全的决策验证机制至关重要：

1. 所有重要决策必须经过人工复核

2. 关键假设和前提需要严格验证

3. 始终保持合理的怀疑态度

4. 为重要决策准备备选方案

四、避免常见使用误区

➲ 过度依赖陷阱

警惕对 AI 工具的过度依赖：

1. 避免陷入"黑箱"操作的危险

2. 保持独立思考和判断能力

3. 定期评估 AI 建议的实际有效性

4. 建立必要的人工干预和复核机制

➲ 确认偏误风险

防范确认偏误的影响：

1. 避免选择性接受符合预期的建议

2. 主动寻找和考虑反面证据

3. 保持开放和批判性的心态

4. 培养反向思考和证伪的习惯

➲ 数据质量把控

严格把控数据质量：

1. 仔细核实原始数据来源和可靠性

2. 全面检查数据的完整性和一致性

3. 特别关注数据的时效性和适用性

4. 充分理解数据处理的过程和方法

➲ 能力边界认知

清晰认识能力边界：

1. 明确知道 DeepSeek 能做什么

2. 清楚了解其不能做什么

3. 不勉强使用不擅长的功能

4. 在必要时寻求专业支持

五、建立健康的投资决策体系

➲ 信息获取层

构建多元化的信息获取渠道：

1. 使用 DeepSeek 进行初步信息收集和整理

2. 通过多渠道验证关键信息的准确性

3. 建立严格的信息质量评估标准

4. 保持信息来源的多样性和互补性

➲ 分析研究层

建立专业的分析研究流程：

1. 以专业分析框架和方法论为主导

2. 合理使用 DeepSeek 辅助计算和整理

3. 保持分析过程的透明度和逻辑性

4. 完整记录分析过程和中间结论

➲ 决策制订层

确保决策的人为主导：

1. 投资者必须保持最终决策权

2. 审慎评估 AI 建议的合理性

3. 充分考虑各种可能性

4. 做好应对意外情况的准备

➲ 执行监控层

严格的执行监控机制：

1. 人工监控交易执行全过程

2. 实时评估市场环境变化

3. 及时调整和优化策略

4. 完整记录决策依据和执行情况

➲ 复盘优化层

建立持续的复盘优化机制：

1. 定期回顾和评估决策过程

2. 客观分析 AI 建议的实际效果

3. 持续优化人机协作流程

4. 不断提升决策能力和水平

六、专业投资者的使用建议

➲ 初级投资者

对于投资新手的使用建议：

1. 重点使用信息整理和基础分析功能

2. 系统学习专业的分析框架和方法

3. 保持谨慎和保守的态度

4. 从小规模实践开始积累经验

➲ 中级投资者

对有一定经验投资者的建议：

1. 建立标准化的分析流程和方法

2. 合理分配人机分工和协作

3. 保持决策的独立性和主导权

4. 定期评估和优化使用效果

➲ 专业投资者

对专业投资者的进阶建议：

1. 将 DeepSeek 深度嵌入研究流程

2. 开发定制化的分析工具和方法

3. 建立严格的质量控制和复核机制

4. 保持对市场的直接感知和判断

七、风险控制特别提醒

➲ 系统风险防范

防范系统性风险的措施：

1. 准备完善的替代和应急方案

2. 建立关键节点的人工复核机制

3. 保持对系统的持续监控

4. 定期评估系统的可靠性和稳定性

➲ 操作风险控制

操作风险的管理要点：

1. 重要操作实行双重确认制度

2. 保持必要的人工干预能力

3. 设置合理的风险预警线

4. 建立规范的应急处理流程

➲ 合规风险注意

合规方面的注意事项：

1. 确保使用方式符合监管要求

2. 严格遵守信息使用权限

3. 重视个人隐私数据保护

4. 遵循交易所的各项规定

⟳ 小贴士

保持适度怀疑是成功的开端

在使用 DeepSeek 等 AI 工具时，保持适度的怀疑态度是明智的选择。建议投资者：

（1）对 AI 输出的关键数据要进行二次验证。

（2）重要决策前咨询多个独立信息源。

（3）建立"信任但要核实"的使用原则。

（4）定期评估 AI 建议的准确率和可靠性。

（5）记录和分析 AI 判断失误的案例。

记住，最优秀的投资者往往能够在利用工具优势的同时，保持独立思考的能力。

后记：我用 DeepSeek 炒股的心得与体会

一、缘起：从迷茫到探索

在写作这本书之前，我曾是一个在股市中跌跌撞撞的普通投资者。面对满屏跳动的红绿数字和铺天盖地的市场消息，我时常感到力不从心。那些年，我买过无数炒股书籍，听过各路专家的课程，甚至尝试过付费跟单，但结果总是不尽如人意——要么被情绪左右追涨杀跌，要么被复杂的分析模型绕得晕头转向。直到我开始尝试将人工智能工具引入投资研究，这段旅程才真正有了转机。

DeepSeek，正是在这样的背景下走进了我的生活。它不像那些天花乱坠的"炒股神器"般承诺暴富，却实实在在地成了我的"数字助手"。它没有预测未来的魔力，也无法替我按下交易的按钮，但它用一种更朴素的方式，让我重新理解了投资的本质。

二、DeepSeek 的真实角色：一个安静的"知识管家"

在本书的创作过程中，我始终提醒自己：必须诚实地呈现 DeepSeek 的能力边界。它本质上是一个基于文本和图像处理的工具，既不能实时监控市场动态，也无法自动推送买卖信号。但正是这种"局限性"，反而让我找到了人机协作的最佳平衡点。

1. 信息整理的革命

过去，光是整理一份上市公司年报就需要耗费数小时。我需要逐页翻找关键数据，用荧光笔标记重要段落，再手动录入 Excel 表格。而 DeepSeek 的识图功能彻底改变了这一流程——当我将年报截图上传后，它能快速提取出应收账款周转率、毛利率变化等关键指标，并以清晰的文字列表呈现。记得有一次分析某消费股时，它在密密麻麻的附注中迅速定位到"关联交易占比异常升高"的细节，这若换成人工查找，恐怕早已淹没在 300 多页的文档中。

2. 决策逻辑的显性化

DeepSeek 最让我惊喜的，是它"解题式"的文本输出能力。当我输入"请解释市盈率与市净率的适用场景差异"时，它不会直接给出结论，而是像一位耐心的老师，从计算公式、行业特征到历史案例层层剖析。这种"白盒化"的思考过程，倒逼我重新梳理自己的投资框架。有一次，我打算重仓某新能源股，便让 DeepSeek 整理该行业近五年的政策文件。它生成的时间轴清晰标注了补贴退坡的关键节点，这让我意识到：所谓"高成长赛道"，也可能暗藏周期波动的风险。

3. 个性化知识库的搭建

DeepSeek 的文本输出功能，意外地成了我的"投资错题本"。每次操作失误后，我会把交割单截图上传，让它总结交易记录中的共性错误。久而久之，这些文字档案形成了一份独特的风险清单：比如"单日换手率超过 25% 的小盘股需谨慎""融资余额激增时警惕杠杆风险"……这些用真金白银换来的教训，通过系统化的文字归类，真正转化成了可复用的经验。

三、人性化协作：工具与思考的共生

在使用 DeepSeek 的过程中，我逐渐明白了一个道理：人工智能不是替代人类的"超脑"，而是放大认知效率的"透镜"。它的价值不在于给出标准答案，而在于帮助投资者建立更严谨的思维框架。

1. 从"拍脑袋"到"列清单"

过去选股时，我常凭感觉行事，某个政策新闻或朋友推荐就能让我匆忙下单。而现在，DeepSeek 帮我养成了"清单式决策"的习惯。比如筛选高股息股票时，我会让它依次生成"连续分红年限""现金流覆盖率""行业景气度"等维度的文字检查项，再逐条人工核对。这种机械化的流程看

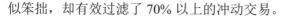

似笨拙，却有效过滤了 70% 以上的冲动交易。

2. 数据的"翻译官"

作为非科班出身的投资者，我曾对专业研报中的术语望而生畏。DeepSeek 的文本解释功能，像一位随时待命的"金融词典"。当某份研报提到"杜邦分析法"时，我只需拍照提问，它就能用普通人也能听懂的语言，把净资产收益率拆解成销售净利率、资产周转率和权益乘数的乘积关系。这种化繁为简的能力，让我在阅读招股书、审计报告时更加从容。

3. 历史的重演者

DeepSeek 虽然无法预测未来，但它对历史规律的整理堪称高效。在分析某次追涨失败案例时，我让它统计了过去三年"涨停次日高开低走"的个股特征。生成的文字报告显示：这类股票往往伴随着龙虎榜游资席位集体出货，且当日成交量中散户占比超过 60%。这些冷冰冰的数据，让我对"跟风炒作"有了更深的敬畏。

四、家庭：创作路上最温暖的"基本盘"

这本书的完成，绝不是我一个人的功劳。我的妻子和六岁的儿子，用他们独特的方式为这段旅程注入了不可或缺的温度。

1. 妻子的"第三只眼"

妻子做过教师、编辑和自媒体，对文字有着天然的敏感。每当我在技术分析中陷入术语堆砌的泥潭时，她总会指着屏幕问："这句话连我都看不懂，普通读者怎么办？"在她的"逼迫"下，我不得不把一些专业术语和概念改为形象具体的描述。这也是书中为什么会有不少充满生活气息的比喻的原因所在，因为我想让原本枯燥的知识点变得鲜活起来。

她还主动承担了书稿的"风险审查员"。记得有一章初稿中，我不慎将 DeepSeek 的功能描述为"监控主力动向"，她立即提醒："DeepSeek 的功能是处理现有信息，'监控'这个词会让读者误解。"这样的细节把关，让本书始终坚守真实性的底线。

2. 儿子的"灵魂拷问"

六岁的儿子是我的"首席体验官"。某天，他看到我在用 DeepSeek 分析 K 线图，突然问道："爸爸，电脑告诉你买哪个股票最厉害吗？"我愣了一下，意识到这正是许多投资者的认知误区。于是，我蹲下来解释："它不会直接说买哪个，但能帮爸爸看清哪些公司赚钱稳、哪些数字有问题，就像你的算术作业要检查有没有算错一样。"

这段对话后来被我写进书里，成为贯穿全书的核心理念：工具的价值不在于替人决策，而在于帮助人更清醒地决策。孩子天真的问题，往往能触及本质。

五、工具伦理：对技术的敬畏与克制

在与 DeepSeek 共事的诸多日夜中，我也走过不少弯路。最危险的时刻，是当它展示出强大的信息处理能力时，我几乎要忘记自己才是最终的责任主体。

1. 警惕"伪精确"陷阱

有一次，我让 DeepSeek 计算某消费股的合理估值区间，它基于历史市盈率、行业对比等数据，给出了 18 ～ 25 元的参考范围。但当股价跌至 17 元时，我盲目加仓，结果遭遇业绩暴雷。这次教训让我明白：再精密的历史数据推演，也无法替代对商业本质的判断。工具提供的只是概率，而投资需要的是对不确定性的管理。

2. 拒绝"全自动"诱惑

曾有读者问我："为什么不开发自动交易功能？"我的回答始终如一：真正的投资智慧，恰恰体现在对"自动化"的克制中。DeepSeek 能告诉我某支股票过去十年的分红记录，但无法替我回答"是否愿意与这家公司共同成长五年"；它能整理出某个行业的政策风险清单，但无法代替我承受深夜账户波动的煎熬。这些必须由人类亲自面对的抉择，正是投资中最珍贵的部分。

在写作这本书的日日夜夜里，我时常想起古希腊哲学家苏格拉底的那句名言："我唯一知道的就是我一无所知。"这种谦卑的认知，在与 DeepSeek 的协作中愈发深刻。它让我明白，投资并非一场与市场的搏斗，而是一场与自我的对话——工具的存在，不是为了消灭无知，而是为了照亮认知的盲区。

六、致谢与期许：人生总有许多感激

致 DeepSeek 团队：

感谢你们创造了一个"不打扰"的工具。它没有刺眼的弹窗、没有诱导性的"必涨提示"，只是安静地做好信息处理的本分。这种克制，在浮躁的金融科技领域尤为珍贵。

致每一位读者：

本书的所有案例、方法和工具，本质上都在传递一个理念：投资的终极武器不是某个软件或策略，而是独立思考和持续学习的能力。DeepSeek 可以是你的"数字笔记本"，可以是你的"错题本"，但它永远不会是"自动提款机"。

致未来的自己：

愿你在工具与人性之间永远保持清醒。当某天 DeepSeek 能实时推送新闻、自动生成策略时，请记得回头看看这份手稿——投资中最珍贵的，永远是亲手翻阅年报时的触动，是深夜复盘交易记录时的反思，是与家人分享心得时的笑容。

……

七、尾声：工具之外，皆是修行

合上电脑的那一刻，窗外的北京已笼罩在暮色中。书桌上的 DeepSeek

界面依然简洁，像一位沉默的老友。它不会知道，那些被它整理过的年报截图、归类过的财务指标、标记过的政策要点，最终汇聚成了这样一本充满体温的书稿。

妻子端着热茶走进书房，儿子抱着绘本跟在身后。"爸爸，你写的书是不是能让所有人都赚钱？"孩子的问题总是直击本质。我摸摸他的头，笑着回答："这本书不会告诉任何人该买什么股票赚钱，但或许能帮他们少犯些爸爸当年犯过的错。"

这便是我与 DeepSeek 的故事——没有一夜暴富的传奇，没有尖端科技的渲染，只有普通投资者在工具辅助下的点滴成长。如果说这段旅程有什么真正的收获，那便是让我懂得了：在纷繁复杂的市场中，最重要的不是获取更多信息，而是学会对信息保持谦卑；最好的工具不是预测未来，而是帮助我们在当下做出更清醒的抉择。

最后的最后：

谨以此书献给所有在投资路上不断探索、勇于实践的同行者。